# K-데모크라시
K-Democracy

# K-데모크라시
K-democracy

주대환 지음

청사진

## 증보판의 발간에 붙여

처음 소책자로 강연집을 낸 후 지난 1년 반 동안 많은 일들이 있었습니다. 그리고 여러 어른들이 격려도 해주셨습니다. 새롭게 용기를 내어 초판에는 제외시켰던 강연 원고 넷와, 2022년 가을 이후에 토론하고 발표한 원고 다섯을 포함하고 보니 두 배의 분량이 되었습니다.

그만큼 감사를 드려야 할 분도 많아졌습니다. 특히 두 차례나 강연할 기회를 주신 경북대 아시아연구소의 전현수 교수님께 감사를 드립니다. 그리고 부끄러움도 더 커졌습니다. 더 공부하고 숙고하여 가다듬어야 할 부분들을 발견하고 진땀을 흘립니다.

어느덧 칠십에 이르러 이 책을 내려다보니 그동안 과연 나는 무엇을 한 것일까, 하는 새삼스런 회의와 감상에 젖습니다. 뒤늦게라도 더 열심히 싸워, 저 나름의 '나의 투쟁'을 마무리해야겠다고 다짐합니다. 그동안 도와주신 모든 분들에게 감사드립니다.

2024년 5월 1일 주대환

## 강연집을 내면서

지난 4년 동안, 저는 광주에서 세 차례, 용산형 평생학습모임 '이태원클래스'에서 세 차례, 그리고 강화중앙교회에서 한 차례, 우리나라 대한민국의 근현대 역사와 K-데모크라시를 강연하게 되었습니다. 모두 뜻 깊고 영광스런 자리였습니다.

저의 공부가 아직 익지 않은 탓에 망설이기도 하였지만, 여러분들의 격려로 용기를 내었으며, 또 강연을 준비하면서 새롭게 공부하고, 생각을 정리하기도 하였습니다.

좋은 기회를 주신 모든 분들, 특히 정치학자 조정관 전남대 교수님, 시민운동가 최영대 '인촌사랑방' 대표님, 젊은 지성 윤범기 MBN 기자님, 그리고 이모세 죽산조봉암기념사업회 회장님을 비롯한 여러분에게 깊이 감사드립니다.

이로써 저 개인적으로는 민주공화국의 늙은 시민으로서 의무 - 다음 세대에게 역사를 정직하게 이야기해야 한다는 - 에 한 걸음 내디딘 느낌입니다.

같은 이야기를 강연 때마다 반복하게 되는 경우도 있었습니다. 그래서 강연록을 책으로 묶고 보니 같은 내용이 거듭 나오기도 합니다. 독자들의 양해를 바랍니다.

　한 가지 더 이해를 구하고자 합니다. 말로 하다 보니, 아니 저의 수양의 부족으로 거친 표현이 군데군데 발견되었습니다. 하지만 육성을 그대로 들려드리고 싶은 마음에 고치고 다듬지 않았습니다.

　다만, 혹시 사실과 다른 이야기를 한 부분을 발견하면 기탄없이 지적해주시기 바랍니다. 저의 공부가 얕은 탓이니 작은 잘못이라도 고치도록 하겠습니다.

　부족한 내용에도 불구하고 출판을 해주신 조성원 대표에게 감사드립니다.

2022년 10월 1일　주 대 환

## 목 차

### 우리는 왜 독립문의 건립을 기념해야 하는가?     11
> 2017년 11월 19일
> 서대문독립공원

### 대한민국과 호남이 함께 발전하는 미래     21
> 2019년 3월 8일
> 5·18민주화운동기록관 7층 세미나실

### 대한민국이라는 기적     33
> 2019년 5월 22일
> 진주교육대학교

### 5·18에 돌아보는 한국 민주주의 역사     55
> 2021년 5월 22일
> 광주YMCA 백제실

### 「8월 테제」를 배반한 것은 조봉암이 아니라 박헌영이다!     85
> 2021년 5월 28일
> 경북대 아시아연구소 · 한국구술사학회 공동주최 춘계학술대회

### 대한민국 건국과 호남     97
> 2021년 10월 11일
> 광주 김대중컨벤션센터 301호

### 대한민국(Republic of Korea)의 탄생     131
> 2022년 3월 17일
> 이태원클래스

## 북한인권과 진보, 그리고 호남     **173**
| 2022년 7월 5일
| 전주 새전북신문사 명주골학교

## 조봉암과 대한민국의 탄생     **187**
| 2022년 9월 15일
| 강화중앙교회

## 제헌국회는 대한민국이 탄생한 곳이다!     **199**
| 2022년 12월 28일
| 한국프레스센터 외신기자클럽

## 조봉암과 대한민국의 영미 진보 유전자     **207**
| 2023년 5월 13일
| 경북대학교

## 세계에 빚진 근대화가 남긴 우리 안의 전근대     **221**
| 2023년 6월 23일
| 출판문화회관

## 대한민국의 건국과 현대사를 어떻게 가르칠 것인가?     **227**
| 2023년 9월 21일
| 한국프레스센터 외신기자클럽

## 성숙한 민주공화국의 자유시민이 통일을 이루어낼 것이다!     **249**
| 2024년 4월 15일
| 통일교육원

이 대전환의 시기, 5년 사이에 일어난 여러 가지 사건 가운데 가장 기념할 만한 뜻 깊은 일은 독립문 건립입니다. 당대의 미국 선교사 헐버트가 쓴 「사민필지(士民必知)」에서 말하는 사(士)와 민(民)이 다 함께 참여한 일이기도 합니다. 독립문의 건립으로 우리나라는 독립과 독립운동을 상징하는 건축물을 갖게 되었습니다. 이즈음에 독립운동의 기본노선도 정립되었습니다. 그 기본노선이 바로 오늘 우리가 이어가야 할 '제3의 길'이라고 저는 생각합니다.

# 우리는 왜 독립문의 건립을 기념해야 하는가?

- 독립문 건립 120주년 및 「제3의길」 창간 기념사 -

일시 : 2017년 11월 19일
장소 : 서대문독립공원

# 우리는 왜 독립문의 건립을 기념해야 하는가?

■ 2017년 11월 19일
■ 서대문독립공원

　120년 전, 이 자리에서 서재필 선생은 영어로 연설을 하였다는 이야기도 있습니다만, 저는 서재필 선생만큼 영어를 잘 못하여, 간단한 인사 말씀만 영어로 하겠습니다. (I'm deeply honored to speak on behalf of you, free and independent citizens of great country Korea!) 이 자리에 참석해주신 위대한 나라 대한민국의 자유시민 여러분을 대표하여 말씀드리게 되어 큰 영광입니다.

　지금부터 120년 전 내일, 1897년 11월 20일에 독립문이 완공되었습니다. 보시다시피 그렇게 웅장한 건축물이 아닙니다. 심지어 독창적인 건축물도 아닙니다. 프랑스의 개선문을 본떴다고 합니다. 하지만 그럼에도 불구하고 우리에게 이 문은 슬픈 사연과 잊을 수 없는 역사적 의미를 갖고 있습니다. 바로 중국 사신을 맞이하던 영은문(迎恩門)을 헐고 그 자리에 세웠다는 데 큰 의미가 있는 것입니다.

1860년 베이징이 유럽 여러 나라들의 군대에 의해 함락되고 청 제국과 중화질서가 무너지는 것을 보고서도 기나긴 세월 37년이나 청나라에 대한 미련을 버리지 못하던 사람들이 있었습니다. 민씨 일족과 완고한 성리학자들의 사대당(事大黨), 그들이 가로막았기 때문에 독립당(獨立黨)의 온갖 노력은 번번이 실패로 돌아갔습니다. 너무나 뒤늦게 1897년에서야 이 문을 세워 비로소 그 시절을 끝낸다는 선언을 한 것이 아니겠습니까?

그럼 왜 우리는 오늘 이 자리에 다시 모였는가? 왜 120년 전의 독립문 완공식을 우리 마음속에서나마 재현하려고 하는가? 그것은 지난 120년 동안 우주가 두 바퀴 도는 사이에, 다시 중국과의 관계가 우리나라에게 가장 중대한 문제로 떠오르고 있기 때문입니다. 자력으로는 도저히 버틸 수 없는 북한 체제를 연장시켜주고 있는 것도 중국이고, 사드 보복을 가하여 우리나라 경제가 휘청거리게 하는 나라도 중국입니다. 결국 우리나라의 발전과 통일을 가로막고 있는 거대한 장벽이 중국입니다.

얼마 전, 중국의 국가주석 시진핑은 미국 대통령 트럼프에게 "한국은 원래 중국의 일부였다."라고 말한 것으로 보도되었습니다. 한국 여론이 이를 비판하자 통역하는 과정에서 오역이 있었다고 하면서 '한국은 원래 중국의 번속국(藩屬國)'이라 말했다고 해명하였습니다. 역사적 사실로서야 틀린 말이 아니지만, 왜 지금 그 이야기를 합니까? 구체적으로 무슨 맥락에서 나온 말인지는 모르지만, 우리는 여기서 중화제국 시절을 그리워하는 중국인들의 퇴행적인 꿈을 짐작할 수 있습니다. 그런데도 우리가 아무 생각도 없이 넘어갈 수 있겠습니까? 최소한 우리나라의 특수한 조건이라도 뚜렷하게 상기하지 않으면 안 된다는 것이 제 생각입니다.

우리나라는 세계에서 가장 큰 나라 바로 옆에 있습니다. 그것도 그 나라의 심장부에 가장 가까이 위치한 외국(外國)입니다. 이는 오랜 역사 속에서 우리나라의 숙명이었습니다. 지도를 펼쳐놓고 중국의 정치와 경제의 심장부라고 할 수 있는 베이징과 상하이에서, 분리 독립운동이 있는 중국 영토 티베트까지 거리와 한국까지의 거리를 비교해보십시오. 근대 이전 고려와 조선이 독립을 유지하기 위해 분투하면서 발전시킨 사대주의(事大主義)라는 독특한 외교 전략도 충분히 이해를 할 수가 있습니다.

하지만 천하는 넓어지고 세계는 하나가 되었습니다. 굳이 실질적 독립을 유지하기 위해 형식적으로는 기꺼이 제후국을 자처했던 시절로 돌아갈 필요가 있을까요? 베트남은 이미 1970년대 말, 동일한 공산당 깃발을 내건, 이른바 사회주의 형제국이라던 중국과 전쟁까지 불사하면서 다시는 전근대의 종주국과 번속국의 관계로 돌아가지 않고 꿋꿋하게 '독립하겠다'는 결의를 밝힌 바 있습니다. 우리나라도 중국의 번속국이나 하나의 성(省)이 되지 않고 독자적인 문화를 영원히 지켜나가기를 원한다면, 독립의 의지를 새롭게 다지지 않으면 안 된다고 저는 생각합니다.

그래서 우리는 120년 전 우리 조상들이 독립문을 세운 뜻을 되새기지 않을 수 없습니다. 120년 전, 1897년 11월 20일, 우리 조상들은 독립협회가 앞장서고, 고위 관료부터 하층 백성들까지 동참하는 전국민 모금운동으로 건축비를 모아서 독립문을 세웠습니다. 조선은 이로써 오랜 혼미에서 비로소 벗어났습니다. 그동안 조선이 보여준 모습은 참으로 한심했습니다. 1884년 갑신정변을 청나라 군대의 힘으로 진압한 탓에 위안스카이의 내정간섭을 자초하여 '잃어버린 10년'을 허송하고 난 후에도 1894년 동학농민봉기를 맞이하여 또다시 청나라 군대를 불러들여 청일전쟁의 단초를 제공하였습니다. 결국 너무나 늦게, 1894년 갑오경장부터 1898년 만민공동회까지 5년 사이에 비로소 우리나라는 근대(近代)로 들어섰습니다.

이 대전환의 시기, 5년 사이에 일어난 여러 가지 사건 가운데 가장 기념할 만한 뜻 깊은 일은 독립문 건립입니다. 당대의 미국 선교사 헐버트가 쓴 「사민필지(士民必知)」에서 말하는 사(士)와 민(民)이 다 함께 참여한 일이기도 합니다. 독립문의 건립으로 우리나라는 독립과 독립운동을 상징하는 건축물을 갖게 되었습니다. 이즈음에 독립운동의 기본노선도 정립되었습니다. 그 기본노선이 바로 오늘 우리가 이어가야 할 '제3의 길'이라고 저는 생각합니다.

우리나라 독립운동의 기본노선은 결코 친청(親淸) 사대당이나 위정척사파의 길이 아니었습니다. 위정척사파의 길과 친일파 사이에는 길이 없었습니까? 개화파는 결국 모두 친일파가 되고 모두 매국노가 되었습니까? 그래서 어쩔 수 없이 위정척사파를 해야 했습니까? 아닙니다. 바로 친미노선의 개화파가 있었습니다. 서재필과 유길준과 이승만과 안창호의 길이 있었습니다. 양화진 외국인 선교사 묘지 안내 책자 영문판에 이렇게 써놓았습니다. "선교사들은 병원을 세우고 학교를 세움으로써 한국 사회에 크고 깊은 영향을 미쳤을 뿐만 아니라, 더 중요하게 눈에 보이지 않는 가치를 변화시켜 낡은 한국의 신분질서를 해체하는데 기여하였다." (The missionaries profoundly influenced Korean society, not only by establishing hospitals and schools, but by affecting its intangible values, thus contributing to the abolition of the class hierarchy in old Korea.)

맞는 말 아닙니까? 기독교인이 아니라도 감사를 해야 하는 것 아닙니까? 물론 선대가 명문거족(名門巨族)이라면 그럴 필요가 없을지도 모르지만, 우리 현대 한국인은 90%가 귀족 출신이 아닌 줄로 압니다. 교회에서 백정과 왕족이 함께 예배를 보고, 선교사가 세운 학교에서 중인과 상민의 자식들이 새로운 학문을 배워 지도자로 등장하였습니다. 그래서 근대가 시작된 것입니다. 미국과 캐나다의 선교사들이 세운 학교와 병원에서 우리나라 독립운동은 시작되었습니다. 서재필과 유길준과 이승만과 안창호가 모두 미국 유학을 가서 배우고 와서 이 나라의 지도자가 되었습니다. 주시경과 여운형이 모두 선교사들에게 배워서 이 나라의 지도자가 되었습니다.

그래서 저는 우리나라 독립운동의 기본노선이 친미노선이라고 하는 것입니다. 미국에 기대는 것이 아니라 미국으로부터 배우는 것입니다. 가치를 받아들이는 것입니다. 그런데 정말 궁금합니다. 왜 친미노선을 하면 보수가 됩니까? 친미노선의 개화파가 민주주의를 하고 자유와 평등의 가치를 받아들이고, 신분 질서를 해체하고자 했고, 독립신문을 만든 사람들인데 왜 그들이 보수가 되는 거죠? 오늘에 와서는 달라졌다고요? 저는 여러분에게 묻고 싶습니다. 일당독재를 하고, 언론의 자유가 없고, 인권 개념이 없고, 노벨상을 수상한 민주화운동가 류사오보를 감옥에 가둔 중국이나 저 소름끼치는 신정(神政) 체제의 노예국가 북한에 당당하지 못하면서 과연 진보를 할 수 있을까요? 그런데 중국과 북한에 굴복하지 않을 현실적인 길이 친미노선 이외에 달리 있습니까?

국제 사회에 북한인권 문제를 가장 적극적으로 공론화한 것은 유럽의 진보, 사회민주당, 사회당, 노동당들이었습니다. 그런데 이상하게도 우리나라에서는 북한인권 문제에 관심을 가지면 바로 극우파라고 합니다. 얼마 전에도 대한극장에서 북한인권영화제가 열렸습니다만, 저는 북한인권을 주제로 하는 행사에 가서 이른바 진보를 자처하는 사람을 만난 적이 없습니다. 사실 북한인권 문제는 인류 양심의 문제 아닙니까? 그런데 왜 조지 오웰이 그린 소설 「1984」의 끔찍한 상상이 바로 1984년 즈음에 정확하게 실제 현실이 된 북한에 대해 비판하면 극우파가 됩니까?

또 궁금합니다. 자유와 평등의 나라 대한민국을 자랑스러워하면 왜 보수 우파가 됩니까? 미국 대통령 트럼프의 국회 연설을 들으면서 저는 생각하였습니다. 저가 지지한 버니 샌더스 상원의원이 미국 대통령이 되었다면 연설 내용이 얼마나 달랐을까? 저는 크게 다르지 않았을 것이라고 생각합니다. 그런데 왜 우리는 북한 동포의 비참한 생활과 우리가 이루고 또 누리는 이 모든 것들을 대비하는 이야기를 그를 통해서 들어야 합니까? 여기서 우리는 지금 한국의 진보와 보수라는 틀이 얼마나 뒤틀려 있는지 알 수 있습니다. 우리는 그런 틀을 무시하고 새롭게 출발하자는 것입니다. 그래서 우리는 지금 자유와 지성의 공간을 만들자는 것입니다.

무엇이 '제3의 길'입니까? 유식한 사람들은 '제3의 길'이라면 영국 노동당의 지도자였던 토니 블레어 이야기부터 시작합니다. 또 독일 사민당의 지도자 슈뢰더 이야기도 합니다. 최근에 우리나라에 다녀갔죠? 그런 분들이 주도했던 정치노선이 '제3의 길'입니까? 아니면 프랑스 대통령 마크롱이 뒤늦게 이들을 따르고 있다는 중도노선을 말하는 것인가요? 솔직하게 말씀드리면 저는 사실 그런 이야기들을 잘 모릅니다. 알 것 같지만 잘 모릅니다. 왜? 그 사회적 배경을 모르니, 그런 담론들이 왜 나왔으며, 왜 그 나라 국민들의 지지를 받았는지 잘 모릅니다. 한때 그런 담론들이 그 나라 국민들의 지지를 받은 데는 다 이유가 있겠지요? 하지만 우리나라는 다른 경로로 발전해왔으니 앞으로도 다른 길로 가지 않을까요?

저는 우리가 말하는 '제3의 길'은 그 맥락과 배경이 그런 나라들의 '제3의 길'과는 전혀 다르다고 생각합니다. 우리는 구여권 사람들이 말하던 보수와 신여권 사람들이 이야기하는 진보의 대립 구도를 넘어서는 것이 우선입니다. 그 진영 대결 구도 속에서 덮어놓고 있는 불편한 진실을 드러내고, 억압당하고 있는 생각을 해방시켜보자. 자유롭게 나누어보자. 상위 1% 특권층을 대변하는 보수의 몰염치도 비판하고 상위 10% 기득권을 옹호하는 진보의 위선도 폭로하자. 틀에 박힌 이야기는 그만하고 대중의 생활 현실로 돌아가자. 그래서 새로운 길을 찾자. 그것이 우리가 함께 나누고 있는 생각 아닙니까?

120년 전 내일, 스무 살 청년으로 독립문 완공식에 참석했던 안창호 선생은 거짓말이 나라를 망하게 한 원흉이라고 보았습니다. 그래서 그는 죽어도 다시는 거짓말을 하지 않겠다고 맹세합니다. 그런 지도자들의 노력으로 우리 민족이 정직하고 부지런한 민족이 되어 외국인들에게도 신용을 얻고 사업에 성공하였습니다. 그런데 오늘날 다시 우리 사회에 거짓과 위선이 판을 치고 있는 것을 봅니다. 특히 지식인들의 교언영색(巧言令色)이 나라를 망하는 길로 이끌고 있습니다. 그래서 우리가 가야할 길은 오직 정직(正直)의 길이라고 저는 믿습니다. 정직하다면 좌파든 우파든 다 함께 할 수 있고 또 해야만 한다고 저는 생각합니다. 사실 자유롭고 혁신적인 시장경제와 만민에게 인간다운 기초 생활과 기회의 평등을 보장하는 복지국가는 서로 분리될 수 없습니다. 정직한 좌파와 정직한 우파가 만나서 대화하는 공간, 그것이 바로 우리가 만드는 「제3의 길」입니다.

저기 서재필 선생이 오른 손에 꽉 잡고 있는 것이 무엇입니까? 잘 아시다시피 바로 「독립신문」입니다. 독립신문 창간호 첫 페이지를 제가 복사해서 여러분에게 나누어 드렸습니다. 읽어보시면 "무슨 당에도 상관이 없고 상하귀천을 달리 대접하지 않는다"는 원칙을 천명하고 있습니다. 우리 함께 「제3의길」이 우리 시대의 「독립신문」이 되도록 힘을 보태고 서로의 다른 견해와 관점을 존중합시다.

아참, 독립신문을 한글 전용으로 만드는 데는 주시경 선생의 공이 크다는 사실, 잘 아시죠? 그래서 그 후손인 주동식과 주대환 두 사람이 손잡았습니다.(웃음) 그동안 여기까지 오는 데 주동식 대표의 고생이 많았습니다. 감사의 박수를 부탁합니다. 오늘 날씨 추운데 참석하시고 경청해주셔서 고맙습니다.

민족주의라는 독주, 아니 독약에 취해서 지성이 마비되고, 이상하게 친북적이고, 인류보편의 가치를 상실하고, 개념을 상실한 한국의 진보는 글로벌 스탠더드의 잣대로 보면 가짜 진보라는 것입니다. 자유도 평등도 인권도 모두 잊어버린 진보가 무슨 진보입니까? 지금 대한민국의 상황은 기존의 진보와 보수를 다 갈아엎고, 새 판을 짜야 할 때입니다.

# 대한민국과 호남이 함께 발전하는 미래

- '행동하는 자유시민' 초청 시국강연 -

일시 : 2019년 3월 8일
장소 : 5·18민주화운동기록관 7층 세미나실

# 대한민국과 호남이 함께 발전하는 미래

▎2019년 3월 8일
▎5·18민주화운동기록관 7층 세미나실

　영광입니다. 저에게 첫 순서로 강연을 하라고, 제목도 거창하게 달아주셨지만, 중요한 이야기는 다른 분들이 하실 거니까 먼저 바람이나 잡으라는 말씀이겠지요. 눈치껏 시키는 대로 하겠습니다.

　1980년에 저는 스물일곱 살이었습니다. 부마항쟁을 포함하여 세 번의 전과가 있는, 민주화운동을 하는 청년이었습니다. 다 듣고 보았고 생생하게 기억하고 있습니다. 그 당시 광주시민이 피로써 지키고자 했던 것은 무엇인가? 그것은 민주공화국으로서 대한민국의 정체성이었습니다. 여러분 생각은 어떠신지 모르지만, 저는 그렇게 생각합니다.

　국민을 지켜야 하는 민주공화국의 군인이 국민을 향해 총부리를 겨누었을 때, 광주시민은 분노했고, 뒤늦게 그 사실을 알게 된 전 국민이 또 분노했습니다. 지금도 양심 있는 사람들은 누구나, 당시에 광주시민을 지켜주지 못한 데 대하여, 함께 싸우지 못한데 대하여 미안해합니다.

그러면 지금 광주시민이 지켜야 할 것은 무엇인가? 그 역시 대한민국의 정체성이라고 저는 생각합니다. 지금 다시 한 번 광주시민이 대한민국의 정체성을 지키기 위해 싸운다면 바로 호남과 대한민국이 함께 발전하는 미래를 열지 않겠는가, 저는 감히 그런 생각을 해봅니다.

그러면 대한민국의 정체성은 무엇입니까? 대한민국은 자유와 평등의 나라이고, 모든 국민의 인권과 재산이 헌법에 의해 보장되는 민주공화국이라고 말할 수 있겠습니다. 우리가 사랑하고 자랑스러워하는 대한민국 헌법이 바로 우리나라의 정체성을 규정하고 있습니다.

그러면 이런 대한민국의 정체성과 대한민국의 헌법이 만들어진 곳은 어디인가요? 여러 세력들이 내놓은 다양한 의견을 절충하는 논의는 어디서 이루어졌습니까? 물론 나중에 공식적으로는 제헌국회에서 다루어졌지만, 그것은 이미 초안이 다 만들어져서 형식적인 절차로 토론하고 거의 원안대로 통과시킨 것이고, 실제로 중요한 결정이 이루어진 곳은 인촌의 사랑방이었습니다.

내각제 요소가 가미된 대통령제라는 우리나라 특유의 권력구조가 만들어진 곳도 인촌 사랑방이고, 농지개혁의 근거가 된 경자유전의 원칙이 확정된 곳도 인촌 사랑방이었습니다. 헌법을 기초한 유진오 박사가 바로 인촌이 키운 사람이고 보성전문, 지금의 고려대학교 교수였습니다.

흡사 젊은 글쟁이 최남선이 손병희 선생의 뜻을 받들어서 기미독립선언서를 썼듯이 젊은 유진오가 인촌의 뜻을 받들어서 제헌헌법을 기초한 것입니다. 뿐만 아니라 헌법기초위원회 소속 국회의원들과 전문위원들 절반이 인촌을 따르는 사람들이었습니다.

  그런데 여러분, 인촌은 누구입니까? 누구신지 아시나요? 예, 그렇습니다. 바로 고창 출신의 김성수 선생입니다. 대한민국 건국 당시 조직과 자금을 다 댄 사람입니다. 3·1운동은 손병희 선생이 조직과 자금을 댄 사람이라면 대한민국 건국은 김성수 선생이 조직과 자금을 댔습니다. 그런데 요즘 일부 무식한 놈들이 인촌을 부관참시하고 있습니다.

  이미 1962년에 추서된 건국훈장을 박탈하고, 고려대학교 앞길 이름을 '인촌로'에서 '고려대로'로 바꾼다고, 명패를 바꾸어 달고서는 만세를 불렀다고 합니다. 그야말로 배은망덕한 놈들이라고 저는 생각합니다. 차라리 고려대학교를 없애지, 고작 거리 이름 명패를 바꾸어 달고서는 만세 부르다니, 가소롭고 웃기는 놈들이라고 저는 생각합니다. 그런다고 인촌의 흔적이 지워지겠습니까?

  인촌 김성수 선생은 온갖 굴욕을 참고 인내하면서 오해를 무릅쓰고, 전국의 유지들을 찾아다니면서 설득을 하고 힘을 모아서 동아일보를 만들고, 고려대학교를 만들고 경성방직을 세웠습니다. 모두 우리나라 사람의 힘으로 만든 최초의 제대로 된 언론사요, 규모 있는 대학교요, 본격적인 근대 산업이고, 제조업 주식회사였습니다.

  지금 우리나라는 경성방직 같은 큰 산업체를 수 천, 수 만 개 가진 세계적인 경제 강국이 되었습니다. 그런데 그 기적은 바로 경성방직에서 시작되었습니다. 그 회사에서 키운 기술자와 엔지니어와 경영자들이 해방으로 일본인들이 남기고 간 공장들을 돌렸던 것입니다.

모두가 비분강개하고 술 마시고 있을 때, 인촌은 조용히 인재를 기르고, 실질적인 일을 했습니다. 청년들에게는 유학비를 대주어서 일본이나 미국, 영국 가서 과학과 기술을 배워오라고 지도하였습니다. 그러면서 남 앞에 나서거나 자신을 내세우지 않았습니다. 그는 진정한 근대인이고, 세계시민이고, 영국식 실용주의자였던 것입니다.

도산 안창호 선생이 후배 청년들에게 연설하면서 목 놓아 절규했습니다. "힘을 기르소서, 힘을 기르소서" 실력 없이 무슨 독립을 합니까? 독립을 말로 합니까? 그런데 안창호의 절규에 가장 충실하게 답한 사람이 누구입니까? 바로 인촌 김성수라고 저는 생각합니다.

그런 그를 친일파로 모는 자들이야말로 배은망덕한 놈들이 아닙니까? 우리는 모두 그 분의 은덕을 입고 그가 닦아놓은 기초 위에서 잘 먹고 잘 살고 있습니다. 어려운 시절에 남의 집 머슴살이라도 해서 먹이고 재워서 키워놓았더니 부모를 부끄러워하고, 무슨 일이든지 부모 탓을 하는 배은망덕하고 철없는 자식의 모습이 바로 지금 우리의 모습이 아닐까요?

이렇게 철없는 짓을 자꾸 하면 하늘이 벌을 내리지 않겠습니까? 집안이 망하고 나라가 망하여 우리 후손들이 거지가 되어 길거리에서 노숙하고 배고파서 울게 되지 않겠습니까?

저는 하늘이 무섭고, 또 선생님께 죄송하여, 개인적으로 작년에 고창 인촌 생가에 들러서 고개 숙여 사죄를 했습니다. 또 난생 처음으로 인촌이 정성을 쏟아 세운 고려대학교 본관도 둘러보고, 그 앞에 서있는 선생님의 동상에도 절을 했습니다. 너무 죄송해서 말입니다.

우리 조상들이 살아낸 그 시대를 우리는 잘 모릅니다. 상상도 할 수 없습니다. 특히 군국주의자들의 미친 광란에 속마음이야 어떻든 일단 겉으로는 박수치지 않으면 살아남을 수 없었던 태평양 전쟁의 시대를 우리는 상상할 수 없습니다. 그런데 모든 신문이 다 폐간되고 유일하게 발행되던 총독부 기관지를 보고서 섣불리 판단을 하는 자들이 있습니다.

그 사람들에게 묻고 싶습니다. 나중에 북한에서 김씨조선이 무너지고 나서 「로동신문」 기사를 근거로 해서, 김일성 동상에 절한 사람, 충성 편지 쓴 사람 모두 세습독재 부역자로 처벌하자면 몇 사람이나 해야 할까요? 북한 인구의 절반쯤 해야 할까요? 아마 그렇게 할 수 없을 겁니다. 그러면 또 당장 그렇게 하지 못했다고 74년이 지난 후에, 그때 대통령을 누가 할지 모르지만, 대통령이라는 사람이 김씨조선 잔재의 청산이 아직 안 되었다고 외쳐야 할까요?

우리는 알아야 합니다. 우리 조상들이 바보가 아니었습니다. 그 시대를 함께 살아낸 사람들이 더 잘 알고 더 올바른 기준을 세웠다고 저는 믿습니다. 그렇기 때문에 반민특위의 조사 대상에 오른 적이 없는 사람을 지금 우리가 친일파니 뭐니 하는 것은 실로 건방진 짓이라고 저는 생각합니다.

그 시대를 함께 살았던 사람들이 거의 다 살아있던 해방 정국에서 반민특위도 설치되었고, 조사도 하고 재판도 했습니다. 그랬지만 인촌은 조사 대상에 오른 적이 없습니다. 오히려 해방정국에서 선생님은 지도자로 활동했습니다. 만약 인촌이 진짜로 친일파였다면, 누가 지도자로 모셨겠습니까? 인촌은 좌익 쪽에서 발표한 인민공화국에도 문교부 장관으로, 요즘으로 치면 교육부 장관으로 이름이 올라 있습니다.

　인촌은 누구나 당연히 인촌의 것이라고 생각한 종로 지역구를 월남한 조선민주당 부당수 이윤영 목사에게 양보하였습니다. 그래서 국회의원도 하지 않았지만 결국에는 사람들의 추대로 제2대 대한민국 부통령이 되었습니다. 바로 그는 대한민국 건국의 아버지들 가운데 다섯 손가락 안에 드는 중요한 인물이고 호남이 낳은 큰 인물입니다.

　그런데 바로 지금 인촌을 부관참시하고 있는 자들이 있습니다. 우리는 그들과 맞서 싸워야 합니다. 지금 팔십 노인도 해방 당시 다섯 살 어린아이들인데 무엇을 알겠습니까? 그런데 자기들이 다 아는 것처럼 떠들고 그 무슨 광복회다, 뭐다하는 단체를 만들어서 반일 캠페인 앞장서고 있지만, 공부 안하면 모르기는 늙거나 젊거나 마찬가지입니다.

　지금 우리가 보고 있는 것은 어떤 역사의식의 발로이거나, 건강하고 성숙한 시민의식의 발로가 아닙니다. 이것은 집단 정신병의 발작이고 콤플렉스와 집착에 지나지 않습니다. 게다가 위험한 것은 그런 광란이 대한민국 가치와 정체성을 위협하고 있다는 것입니다.

　그래서 저는 여러분에게 부탁을 드리고 싶습니다. 자유와 평등의 나라, 모든 사람에게 재능을 발휘하고 노력하여 성공할 기회가 주어지고, 모든 사람에게 하늘이 준 인권이 보장되는 민주공화국, 대한민국의 정체성을 지키는 운동을 해주시라고 말입니다.

　이런 운동에는 당연히 한일친선도 연관된 과제의 하나가 되어야 할 것입니다. 왜? 대한민국의 정체성을 지키기 위해서는 대한민국과 가치를 공유하는 나라들과 친하게 지내야 하기 때문입니다.

우리나라를 강점하고 식민지로 지배한 것은 제국주의 일본이지 민주주의 나라 일본이 아닙니다. 민주주의 나라 일본은 대한민국과 공통의 가치를 나누고 있는 우방국입니다. 그런데 반일 민족주의 감정을 정치에 이용하려고 자꾸 100년 전, 80년 전, 잘 알지도 못하는 과거를 끄집어냅니다.

그러기 위해서 소녀상을 전국 방방곡곡에 세우고 있습니다. 학교 교정에서 새삼스럽게 일본 나무라면서 아름다운 고목들을 뽑아내고, 음악 선생 하셨던 분들이 일제 말기에 무슨 단체에 이름 올려서 무슨 대단한 영화를 보았다고, 그 무슨 대단한 친일파라고 교가를 바꾸라고 윽박지르고 있습니다.

만약 김대중 선생이 살아계신다면 이런 짓을 찬성했을까요? 저는 틀림없이 반대하셨을 것이라고 생각합니다. 그러면 저는 무슨 근거로 이렇게 주장할까요?

우선 지금까지 역대 정권이 모두가 반일 민족주의 선동을 하고, 정치에 이용했습니다. 김영삼 정권도 심한 편이었습니다. 친일잔재를 청산한다면서 1948년 대한민국 정부 수립이 선포된 중앙청을 허물어버리고, "일본의 버르장머리를 고쳐놓겠다"고 큰소리치기도 했습니다. 그 반면에 김대중 정권이 가장 안한 편이라고 저는 기억합니다.

제가 김대중 대통령은 이런 반일 민족주의 캠페인을 반대하셨을 것이라고 믿는 이유는 또 있습니다. 유명한 이야기인데요, 진짜로 김대중 선생이 친일파로 몰린 적이 있습니다. 그것은 십 수 년 질질 끌던 한일회담이 마침내 타결되어 국교 정상화가 이루어지던 그 시절의 이야기입니다.

김대중 선생은 자신의 긴 정치 인생 중에서 가장 힘든 시기가 1964년부터 65년 사이에 한일회담 반대 시위가 격렬하던 때였다고 회고했습니다. 그 당시 모든 야당 정치인들과 학생들, 청년 지식인들이 한일회담과 국교정상화에 반대했습니다. 그런데 김대중 의원, 홀로 찬성을 하였습니다.

그래서 야당의 동지들로부터 '사꾸라', 즉 여당의 첩자로 몰렸습니다. 그러니 일부 사람들은 분명히 김대중이는 친일파라고 욕을 했을 겁니다. 하지만 그가 옳았음을, 그 분이야말로 용기 있는 정치인이었음을 역사가 증명하고 있습니다.

더 늦기 전에 한일 관계를 정상화하여 무역을 하고 기술을 도입하고 대일 청구권 자금과 차관으로 경제 개발을 시작하지 않았다면 우리나라 경제 발전에 어떤 어려움이 있었을지 모릅니다. 중국이 문화대혁명이라는 미친 짓을 하고 있을 때, 우리는 세계시장에서 중국이란 거대한 경쟁자가 나타나기 전에 수출을 해서 부강한 나라를 만들었습니다.

그래서 저는 바로 이런 김대중의 정신을 이어받아서, 반일 민족주의의 광란에 맞서 싸우자, 아무데나 소녀상 세우기를 거부하고, 유서 깊은 광주일고를 비롯한 많은 학교의 교가를 바꾸자는 전교조의 무모한 제안을 거부하고, 멀쩡하게 살아 있는 나무 뽑아내기도 거부하고, 고창군민들에게 '인촌로'의 도로명 바꾸기를 거부하라고 격려하고, 인촌 김성수 선생을 되살리는 운동을 하자는 것입니다.

　이렇게 광주시민이 대한민국 정체성을 지키는 운동을 하고, 인촌을 비롯한 건국의 아버지들의 실용주의 정신을 되살리는 운동을 하고, '광주형 일자리'를 반대하는 민주노총을 혼내고, 영화 한 편 보고서 탈원전을 막무가내 주장하는 엉터리 환경단체들을 GIST 학생들과 함께 비판한다면 혹시 '진보'가 반발하지 않을까 걱정하십니까?

　저는 바로 그런 사태야말로 우리가 무서워서 피해야 상황이 아니고, 우리가 싸워야 할 이유라고 생각합니다. 우리는 너무나 오랫동안 그런 진영논리에 갇혀서 할 말을 못하고 살았습니다. 금기에 스스로를 가두었습니다. 이제는 말해야 합니다. 더 늦기 전에 외쳐야 합니다.

　우상 숭배를 그만두어야 합니다. 가짜 진보 친북 주사파, 전대협 출신 386 정치인들, 상위 10% 공무원과 공공기업, 대기업 정규직 노동자의 기득권을 지키는 민주노총이 우리 편이 아니라고 이제는 밝혀야 합니다. 그들 눈치를 보는 정치인들도 우리 편이 아니라고 말해야 합니다.

　왜 북한 인권의 참담함을 말하면 극우가 되고, 김정은 독재정권을 비판하면 보수가 되고, 반(反)평화주의자가 됩니까? 그러니 낸시 펠로시 미국 하원의장, 미국 민주당 출신이죠, 그런 분들, 미국의 진보주의자들이 모두 한국 민주당 사람들을 이상하게 보는 것 아닙니까?

　민족주의라는 독주, 아니 독약에 취해서 지성이 마비되고, 이상하게 친북적이고, 인류보편의 가치를 상실하고, 개념을 상실한 한국의 진보는 글로벌 스탠더드의 잣대로 보면 가짜 진보라는 것입니다. 자유도 평등도 인권도 모두 잊어버린 진보가 무슨 진보입니까? 지금 대한민국의 상황은 기존의 진보와 보수를 다 갈아엎고, 새 판을 짜야 할 때입니다.

이제 여러분이 새롭게 뜻을 모아 함께 운동을 펼치고자 하는 「행동하는 자유시민」이 진영논리 따위는 무시하고 또 그를 초월하여 대한민국의 가치와 정체성을 지키는데 앞장서 주시기를 부탁드립니다. 여러분의 운동이 대한민국과 호남이 함께 발전하는 미래를 틀림없이 열어 나가리라고 믿습니다. 두서없는 말씀 경청해주셔서 감사합니다.

저는 우리 손자 세대가 기성 시대가 갖고 있는 강박관념, 죄의식, 민족적 열등감, 이런 것을 가지지 않기를 바랍니다. 더 당당한 세계시민이 되기를 바랍니다. 그래서 여러분에게 부탁을 드리고 싶습니다. 글로벌 스탠더드의 좌우파가 되어 달라고 말입니다.

# 대한민국이라는 기적

- 나는 왜 '대한민국을 긍정하는 좌파'가 되었는가? -

일시 : 2019년 5월 22일
진주교육대학교 인문특강

# 대한민국이라는 기적

**- 나는 왜 '대한민국을 긍정하는 좌파'가 되었는가? -**

> 2019년 5월 22일
> 진주교육대학교

    영광입니다. 저에게 이런 멋진 기회를 주신 최문성 총장님을 비롯한 여러분에게 감사를 드립니다. 요즘 저는 영어공부 삼아, 미국 사람들이 연설하는 영상을 들어보려고 애를 쓸 때가 있습니다. 미국 사람들은 낯간지러운 'my story'를 자연스럽게 이야기합니다. 정치인들이 어떤 주의, 주장을 이야기하면서도 모두들 바로 그 '마이 스토리'로부터 출발하고 있습니다. 오늘 저는 미국 사람들 흉내를 내보려고 합니다.

### 민주헌정의 중단과 나의 청춘

    저는 까마득한 먼 옛날, 46년 전, 1973년에 대학교에 입학하였습니다. 그런데 마침 몇 달 전인 1972년 10월에 박정희 대통령이 갑자기 유신체제를 선포하였습니다. 이제 더 이상 대통령을 국민이 직접 선출하지 않는다고 선언한 것입니다.

여러 가지 이유와 미사여구를 달았지만, 사실상 민주주의가 중단되었습니다. 그로부터 1987년까지 15년 동안, 한국 민주주의가 제대로 작동하지 않는 기간이 있었습니다. 그런데 하필 그 시절이 저의 나이가 19살부터 34살까지 시기였습니다.

동물로서 인간이 제 각각 재주를 피우고 매력을 펼쳐서 짝을 찾고 내 안의 유전자를 다음 세대에 물려주어야 할 때가 아니겠습니까? 청춘이죠.(웃음) 저는 그런 시대에 청춘을 보내면서 민주화운동에 저가 가진 재주를 펼쳤습니다. 세 번 씩 구속이 되어도 멈추지 않았고, 서른 살이 되던 해에는 잠시 다니던 직장을 그만두고 직업적인 사회운동가의 생활을 시작하였습니다.

그래서 어떻게 되었을까요? 예, 저는 크게 성공을 거두었습니다. 우선 저는 민주화운동을 하지 않았다면 감히 말도 붙여보지 못했을 만큼 아름다운 여인과 결혼하여 39년 동안 잘 살고 있습니다. 아들과 며느리가 둘이고, 손자도 보았으니 대성공이죠. 오늘 이렇게 진주사범으로부터 역사가 오랜 진주교육대학교에 와서 강의도 합니다. 제 아버지가 평생 가장 자랑스럽게 생각하는 일이 바로 일정 말기 진주사범에 합격했다는 사실입니다.

물론 아무리 대단한 성공에도 좋은 면, 밝은 면만 있는 것은 아닙니다. 1980년 서울의 봄, 유난히 짧았던 봄에 저는 기회를 놓치지 않고 결혼을 하기는 했지만, 한 치의 양보가 없는 원칙주의자 페미니스트와의 논쟁으로 점철된 긴 세월이 저를 기다리고 있었습니다. 게다가 부부가 둘 다 노동운동, 시민운동의 활동가, 액티비스트(activist)로 살다보니, 가난하게 살아야 했던 39년이었습니다. 항상 모든 일에는 좋은 면, 밝은 면만 있는 것은 아닙니다. 그것이 세상사고, 인생이죠.(웃음)

　민주화운동을 하다 보니, 박정희 대통령, 전두환 대통령에 대하여 저는 아주 나쁜 사람이라고 생각하게 되었습니다. 심지어 대한민국이라는 나라에 대해서도 문제가 매우 많은 나라라고 생각하고, 모든 면에 대하여 비판적인 관점을 갖게 되었습니다. 또 이런 나라, 이런 체제를 멀리서 도와주고 있는 미국에 대해서도 그 강대한 힘으로 자신의 뜻을 약소국에 강요하는 신제국주의가 아닌가 하는 생각을 가지게 되었습니다.

　그리고 가장 근본적으로는 자본주의 자체에 대하여 비판적인 생각을 갖게 되었습니다. 이른바 마르크스주의자가 된 것입니다. 감옥에서 읽은 마르크스주의 책들은 이 세상이 '요 모양 요 꼴'인 근본적인 이유를 설명해주었습니다. 저는 마르크스주의에 점점 빠져들었고, 마침내 「모택동 전집」을 독파하였습니다.

　그리하여 저는 나름 '이론가'가 되었습니다. 끝없이 사색하고 독서를 해서 논리를 세우고, 보다 많은 동료 학생들이 반독재 투쟁에 참여하도록 선동하는 글을 써대다 보니 자꾸 더 감당하기 힘든 핵심적인 역할을 맡게 되었습니다.

　저는 '무림'이라는 지하조직의 좌장이 되었습니다. 서울대학교 지하 서클 10개가 비밀리에 연합을 했는데, 그 연합 회의의 좌장이 된 것입니다. 나중에 서울의 봄이 지난 후에 보안사와 경찰이 수사를 해보니, 수많은 사람들이 연루되어 있지만, 중심과 실체가 분명하지 않아서 흡사 안개가 자욱한 숲에서 헤매는 것과 같다고 안개 무, 수풀 림, 무림(霧林)이라고 이름을 붙였다고 합니다.

요즘 심재철이라고 국회부의장까지 한 국회의원과 유시민이라는 장관까지 지낸 노무현 재단 이사장이 서로 무슨 일인지 다투고 있지만, 그 분들이 속해 있었고, 그들이 두들겨 맞으면서도 비밀을 지키려고 했던 지하조직이 바로 무림이죠. 사회운동으로 나와서는 인천지역민주노동자연맹이라는 단체에 가담하게 되었습니다. 거기서도 역시 고 노회찬 의원, 황지우 시인의 동생인 황광우 선생 등과 함께 지도부의 일원이 되었습니다.

저는 청년 시절, 여러 개의 가명을 만들어서 썼는데, 1989년부터는 김철순이라는 가명을 주로 썼습니다. 인천 세창물산 노동조합 사무장 송철순이 스물 네 살의 꽃다운 나이로 공장 지붕에 노동조합 플래카드를 걸려고 올라갔다가 슬레이트 지붕이 꺼지면서 공장 바닥으로 추락하여 사망하였습니다. 그 사람을 추모하여 붙인 가명이었습니다. 벌써 30년 전 일이군요.

**해방전후사의 인식**

이렇게 '난 체 게바라처럼 혁명가로 살다죽을 거야'라고 비장하게 결심하고, 엄청난 사명감으로 제가 활동하는 15년 동안, 「해방전후사의 인식」이라는 책이 시리즈로 출판되었습니다.

그 「해방전후사의 인식」은 우리들에게 왜 우리나라가 이 모양 이 꼴인가? 부정부패가 만연하고, 나쁜 놈들이 출세하고, 민주주의가 제대로 이루어지지 않고, 광주에서 수많은 시민을 총으로 쏘아죽인 전두환 같은 악마가 권력을 잡는 이런 어처구니없고, 불의(不義)한 일들이 일어나는가를, 그 뿌리를, 처음부터 잘못된 연유를 설명해주었습니다.

"이 나라는 도대체 처음부터 무언가 잘못 되었다"는 것입니다. 건국 당시에 반드시 해야 할 일을 하지 않았기 때문에 잘못된 나라가 태어났다, 그래서 뒤늦게라도 우리가 조상들이 성공하지 못한 그 일을 해야 한다는 겁니다. 그 일은 무엇인가요? 그것은 혁명, 일제 식민지배의 잔재를 청산하고, 봉건시대의 전근대적인 유산을 청소하는 혁명, 바로 그것이었습니다. 요즘도 가끔 뜬금없이 친일 잔재를 청산해야 한다고 외치는 사람들, 있죠?(웃음)

「해방전후사의 인식」은 우리나라를 '식민지 반(半)봉건 사회'로 보았고, 그것은 마오쩌둥이 1949년 이전의 중국 사회를 규정한 이론에 따른 것이었습니다. 1949년에 중국이라는 동아시아 최대, 아니 세계 최대의 거대한 나라에서 공산주의 혁명이 성공하면서, 마오쩌둥이 얻게 된 그 막강한 권위 아래 동아시아의 좌파 지식인들이 머리를 조아렸고, 우리나라의 지식인들 역시 그 그늘을 벗어나지 못했던 것입니다. 그 대표적인 분이 바로 박현채, 리영희, 신영복 선생이었습니다. 이 세 분 중에서 이름을 들어보신 분이 있습니까?

그 분들의 모택동 사상에 근거한 한국 사회관, 역사관은 지금 와서 생각하면 어이가 없는 내용들이지만, 당시의 청년 학생들에게는 반정부운동, 민주화운동을 할 수 있는 사상적 무기를 제공하였습니다. 즉 반정부운동, 민주화운동을 억압하는 세력이 아주 나쁜 놈들이고, 곧 사라져야 할 놈들이라는 생각, 역사발전에 걸림돌이 되는 반동적인 집단이라는 생각, 그것은 우리에게 커다란 도덕적 자부심을 갖게 해주고, 자신감을 갖게 해주는 것이었습니다.

우리를 탄압하는 적들은 곧 민중을 착취, 수탈하고 있는 나쁜 놈들이고, 우리야말로 정의를 세우고, 역사발전을 앞당기기 위해서 투쟁하고 있다는 생각은 목숨을 바쳐도 좋다는 정서로 이어졌습니다. 그러니 웬만한 일은 다 용서가 되고, 부모를 속이고 친구에게 구걸하는 일쯤은 아무 것도 아니었습니다. 풍찬노숙도 즐겁고, 감옥살이도 행복했습니다.(웃음)

그런데 문제가 있었습니다. 이상하게도 한국에서 자본주의 경제가 자꾸 발전하는 것입니다. 우리가 믿는 이론에 따르면 식민지 상태에 있기 때문에 우리나라 사람들이 아무리 열심히 일해도 모두 제국주의 나라들에게 수탈을 당하고, 거기다가 봉건시대의 온갖 잔재들이 걸림돌이 되어서 근대적인 자본주의가 발전할 수 없다고 하였습니다. 그런데 이상하게도 한국에서 과학기술과 자본주의가 발전해도 여간 빠르게 발전하는 것이 아닙니다.

또 하나 더 곤란한 문제가 있었습니다. 농촌에 가보니 지주와 소작농이 없더라는 보고가 나왔습니다. 지금에 와서야 너무나 당연하게 받아들이고 있지만, 당시에 아무도 그 사실을 믿지 않았습니다. 경상대학교 교수를 하다가 정년퇴직한 장상환 선생이 아마 석사 학위 논문으로 그런 보고를 하는 논문을 썼지만 아무도 믿지 않았습니다.

사실 굳이 학문적 연구가 필요한 것도 아니었습니다. 누구나 다 아는 사실이었습니다. 시골의 부모님들에게 물어보았다면 다 말해주었을 것입니다. 하지만 당시의 우리 친구들은 시골 출신일수록 부모님의 학력이 낮고, 심지어 어머니는 문맹인 경우까지 있어서 그렇게 심오한 역사철학과 혁명이론적 문제에 대하여 부모님에게 의견을 구할 생각은 꿈에도 하지 않았습니다.

지주와 소작농이 존재하지 않는다는 사실을 사실로 받아들이는 데는 그 후 2, 30년이 걸렸습니다. 인간이란 이렇게 어리석은 존재입니다. 임금님이 발가벗었다는 사실을 아무도 믿지 않는 것이죠. 그러다가 나중에 모두가 그 사실을 인정하지 않을 수 없게 되었을 때, 아무도 스스로를 반성하지 않습니다. "그건 별로 중요한 일이 아니야, 원래부터 난 관심이 없었어…"라고 중얼거리면서 구렁이 담 넘어 가듯이 하고 마는 것이 또한 인간입니다.

"남한의 농지개혁은 실패하였다. 대부분의 농민들은 여전히 소작농으로 수탈당하고 있다"는 믿음, 그것은 1980년대 청년 학생들의 머릿속으로 아주 쉽게 주입되었습니다. 왜? 그래야만 모든 것이 맞아 떨어지기 때문입니다. 항상 현실은 중요하지 않습니다. 머릿속이 정리가 되는 것이 더 중요한 일입니다.

저는 1987년쯤에는 한국이란 사회는 자본주의가 발전할 수 없는 식민지반봉건 사회가 아니라 자본주의가 매우 빠른 속도로 발전하고 있는 나라라는 현실을 인정하기 시작하였습니다. 또 그 후 5년 쯤 지나서야 우리가 하려고 했던 그 혁명이 이미 1948년에 일어났다는 사실을 인지하기 시작하였습니다.

우리가 하려던 혁명이 이미 일어났다는 사실, 그래서 자본주의가 발전하는 나라라는 사실을 뒤늦게 알고서 보니, 우리는 우리가 벌이는 민주화운동에 엉뚱하게 거창하고 고색창연한 이름을 붙이고 있었다는 사실을 깨닫게 되었습니다.

실제로는 중학교 공부를 하면서, 우리의 과제를 초등학교 공부로 착각하고 있었던 것이죠. 초등학교 공부가 얼마나 중요한지는 브라질을 비롯한 남미나 필리핀의 현실을 보면 알 수 있습니다. 우리나라는 초등학교 공부를 세계에서 가장 잘 한 나라입니다. 1960년 시점에 우리나라는 남미와 아시아, 아프리카 개발도상국들 가운데 가장 농지개혁이 잘 된 나라였습니다.

**주사파와 민족주의**

80년대 광주학살의 원흉 전두환을 몰아내려는 학생들의 투쟁에 대하여 기성세대는 모른 척했습니다. 그것은 당시에 한국 경제가 도약의 시기인지라 모두가 돈벌이에 재미를 붙이고 있었기 때문입니다. 제 친구들이 대학 졸업하고 현대건설 같은 회사에 취직하여 사우디아라비아에 2, 3년 나가서 일하고 돌아오면 집을 한 채 살 때였습니다. 그러니까 대학 2, 3학년, 스물 한 두 살 학생들이 어른들이 모두 무서워하는 전두환과 맞장을 뜨는 자신을 발견합니다.

대단한 발견이죠. "거대한 악마를 몰아내는 역사적 과업을 우리가 수행하고 있다!" 젊은이들의 간이 배밖에 나옵니다. 레닌 같은 혁명가와 자신을 동일시하기 시작했습니다. 그들이 바로 60년대에 태어나서 80년대에 대학에 입학한 사람들, 이른바 '86세대'입니다. 오늘날 우리가 보는 '철들지 않고 꼰대가 되어버린' 86세대, 무식하고 건방진 세대가 그 당시 태어난 것입니다. 무척 독선적이기까지 합니다, 자신들만 정의롭다는 거죠. 당시에 만들어진 정신세계입니다.

지금 태극기 부대를 이루고 있는 분들은 그 당시에 돈을 벌어서 성공한 분들입니다. 그래서 저는 "그대들이 지금 그토록 소리높이 외치는 '자유와 민주주의'가 진정 위기에 빠졌을 때 그것을 지키기 위해서 투쟁한 적이 있느냐?"라고 묻습니다. 또 "여러분이 이해하기 힘들어하는 세대의 탄생에는 당신들의 책임도 있다"고 말합니다. 그들이 모른 척 했던 악마와의 투쟁에서 괴물이 탄생하였다는 겁니다.

전두환 정권은 군사독재라고 우리가 불렀지만, 의외로 강하게 지배를 하지 못하는 정권이었습니다. 대학 캠퍼스는 사실상 해방구였습니다. 그래서 대학교 학생회를 장악하면 이미 상당한 권력을 쥐는 것입니다. 중요 대학의 총학생회를 장악하기 위해 선거를 하고 대중을 동원하고, 또 학생회를 통해서 권력을 행사하면서 그들은 이미 대중을 움직이는 기술을 연마하고 정치를 경험하고, 권력의 맛을 보게 됩니다. 과잉 정치화된 86세대가 탄생한 것입니다.

하지만 청년학생들의 힘만으로는 전두환 정권을 이길 가능성이 낮습니다. 그들은 우군을 찾아냈습니다. 그것은 북한이었습니다. 북한을 우리 편으로 생각하면 이길 가능성도 있다고 생각한 것입니다. "악마를 죽이기 위해서는 누구와도 손을 잡을 수 있다"는 생각이죠. 참으로 단순한 생각입니다.

사실은 민주화운동에는 이런 학생들의 좌파적 생각과는 전혀 다른 사상적 흐름도 있었습니다. 김구 선생의 후예를 자처하는 장준하, 문익환, 백기완 같은 흐름이고, 그들의 구호는 '통일'이었습니다. 이성과 논리에는 모택동 사상이 있었다면 대중적 감정과 정서에는 백범의 민족주의가 있었습니다.

사실 우리나라에서 반일 민족주의만큼 손해 보지 않고 장사하기 좋은 이데올로기도 없습니다. 지난 70년 동안 모든 정치 세력과 지식인들이 이것을 팔다보니, 김구 선생이 이제 반일 민족주의라는 정치 종교의 신성한 존재가 되었습니다.

북한에서 1990년대 중반에 50만 내지 100만 명이 굶어죽는 식량난, '고난의 행군'이라고 하는 시기가 있었습니다. 그 후에 서서히 북한이나 그 지도자에 대한 존경심은 사라져갔습니다. 수박 껍질 안에는 붉은 수박 속살이 썩어버렸지만, 빈 껍질은 남아 있습니다. 586세대는 그들의 '알리바이'로서 더욱 반일 민족주의에 매달릴 수밖에 없습니다.

백범 김구 선생으로 부족하면 약산 김원봉 선생도 불러와야 합니다. 좀 더 자극적인 이야기들을 꾸며내고, 활극, 액션 영화를 만들어 냅니다. 전국 도시마다, 시군구마다, 소녀상이 들어서고 있습니다. 소녀상으로 성에 차지 않아서 강제징용 노동자상을 부산에다 세우려고 합니다.

여러분, 민족주의는 지성을 마비시키는 독약입니다. 민족주의자 유다는 스승 예수를 배신합니다. 예수는 국제주의자, 사해동포주의자였기 때문에 죽었습니다. 우리나라는 천주교, 개신교를 합하면 1,000만 명이 넘는 사람들이 교회에 나가고 성경을 읽고 있습니다. 그런데 예수의 길이 아니라 유다의 길로 자꾸 나아가고 있습니다.

저는 그들이 유다의 길, 위정척사파의 길, 반문명의 길, 반민주의 길, 반 자유의 길, 반인권의 위험한 길을 가고 있다고 생각합니다. 그들에게서 중국 민주화운동가 류사오보에 대한 동정을 들어본 적이 없고, 북한 인권에 대한 관심을 들어본 적이 없습니다.

그들의 독선적 태도도 유명합니다. 남의 의견을 존중하고 다름을 인정하지 않습니다. 그래서 민주화를 위하여 싸웠다는 사람들이 민주주의에 적응하지 못하고 있습니다. 참 역설적이죠? 그들이 즐겨 쓰는 '변절' 이라는 언어는 위정척사파 선비들의 용어가 아닌가요? 근대인이 되지 못한 겁니다.

진정한 좌파와 우파는 선진국에서만 필 수 있는 꽃입니다. 후진국, 식민지 종속국에서는 다만 흉내만 낼 뿐입니다. 화려한 이론을 펼치지만, 하는 일은 '민족민주운동'을 벗어나지 못하는 것이 후진국 지식인들의 숙명입니다. 미국이나 유럽의 좌파와 우파 같은 선진국형 사상과 정치는 1987년 이후에 선진국에 태어난 사람들, 여러분이 만들 수 있는 것입니다. 그래서 저는 항상 주장해왔습니다. "후진국 사람들이 감히 선진국 사람들을 가르치려 하지 마라."

**대한민국이라는 기적**

세계인들이 놀라는 것은 '한강의 기적'이라고 부르는 한국의 경제 발전, 과학기술의 발전, 민주정치의 발전, 문화의 발전, K-pop의 발전 등일 것입니다. 그것을 기적이라고 부릅니다. 하지만 제 생각에 더 큰 기적은 대한민국이라는 나라의 탄생입니다. 왜? 대한민국의 발전은, 우리 부모와 우리가 그토록 부지런히 일하고 공부했으니, 발전한 것이 당연하다고 볼 수도 있지 않겠습니까?

저는 모든 국민들이 그렇게 열심히 일하고 열심히 공부할 수 있는 조건을 가진 나라의 탄생이 기적이라고 생각하는 것입니다. 진정 모든 사람에게 '평등한 기회'를 보장한 나라였기 때문에 모든 국민이 열심히 일하고 열심히 공부했습니다. 한 사람도 포기한 사람이 없었습니다. 이런 나라가, 누가 설계한 것도 아닌 데, 여러 가지 국제적, 국내적 요인들이 1948년이라는 시점에 동시에 작용하여 좋은 유전자를 가진 나라가 탄생하였으니 기적이라는 것입니다.

저는 이런 대한민국의 탄생이라는 기적이 누구 개인의 공이라고 생각하지 않습니다. 이승만이나 누구 다른 사람의 공이라고 생각하지 않습니다. 그보다는 차라리 전 인류가 이에 참여한 세계사적인 사건이라고 생각합니다. "대한민국은 전 세계인이 만든 나라다. 결코 우리 힘만으로는 만들 수 없는 나라를 만들었다."라고 저는 생각합니다.

울프 라데진스키(Wolf Ladejinsky)라는 우크라이나 계 미국인이 미국 국무부와 일본의 맥아더 사령부에게 '농지개혁 안하면 공산화를 막을 수 없다'고 역설하면서 농지개혁을 건의합니다. 실제로 미군정은 1948년 3월에 대한민국 정부에 정권을 넘겨주기 전에 이미 일본인들이 남기고 간 농지를 전부 농민들에게 나눠주어 버립니다. 그래서 농지개혁은 대세가 되고, 제헌헌법에 명시되고, 법안이 통과되기도 전에 행정명령으로 일선에서는 농지의 분배가 다 끝납니다.

또 우익만의 공이라고 볼 수도 없습니다. 조봉암 초대 농림부장관이 농지개혁 법안을 만들기 위해서 실무 책임자로 영입한 사람은 당시 좌익 농업경제학자로 유명한 강정택과 강진국이었습니다. 농림부 장관 조봉암, 차관 강정택, 농지국장 강진국이 모두 좌익 출신입니다.

'토지를 농민에게'라는 남로당의 구호를 내걸고 지리산에서 빨치산 투쟁을 전개한 분들의 공도 있습니다. 그 분들의 투쟁이 있었기 때문에 농지개혁이 실제로 이루어졌습니다. 북한에서 농지개혁을 하고 중국에서 농지개혁을 하면서 공산당이 지지를 얻어가는 과정, 동아시아 전체가 공산화될 듯한 분위기가 바로 한국에서 '예방혁명'을 강제하였으니까, 그 또한 밖에서 도운 것이라고 하지 않을 수 없습니다.

그런가하면 제헌국회를 소집하기 위한 5·10 총선거는 우리나라에서 역사 이래 처음으로 모든 국민이 나라의 주인으로서 권리를 행사한 엄청난 사건입니다. 그 선거를 준비하기 위해 파견된 유엔한국임시위원단의 법률 고문, 벨기에 사람 마르크 슈라이버(Marc Schreiber)가 한국에서 선진국 수준으로 좋은 선거법을 만들어서 공정하고 자유로운 선거가 이루어지도록 도왔습니다.

또 그와 협력한 미군정 연락관들이 있었습니다. 그들은 나치즘을 피해서 미국으로 망명한 체코 사람 퍼글러(Charles Pergelr), 독일 사람 프랭켈(Ernst Frankel)이었습니다. 세 사람은 모두 유럽의 좌파, 사회민주주의자들이었습니다.

여성에게 투표권이 주어진 것은 스위스가 1971년이었습니다. 프랑스와 이탈리아가 1946년입니다. 영국이 1928년입니다. 그러니까 우리나라가 그리 늦은 편이 아닙니다. 1948년부터 1958년까지 10년 동안 모두 열 번의 전국단위 선거가 있었습니다. 전쟁 중에도 선거를 거르지 않았습니다. 그렇죠? 1952년에 세 번의 선거를 실시하였습니다. 우리 조상들, 대단하지 않습니까?

**운이 나빴는가 좋았는가?**

해방 되자마자 영문도 모르고 겪어야 했던 남북 분단과 한국전쟁으로 인해서 가족이 흩어지고, 2백만 명이나 죽고 다쳤기 때문에, 우리가 참 운이 나쁜 민족이라고 생각해왔습니다. 피해의식이 우리의 마음을 지배해왔던 것입니다. 하지만 다른 면을 보면, 대한민국이라는 나라가 참 운이 좋다는 생각도 하게 됩니다. 앞 세대 피와 땀이 다음 세대에게 달콤한 과실로 돌아오고 있습니다.

제2차 세계대전 이후 인류가 새로운 세계를 만들어보자는 꿈에 부풀었던 세계사의 한 시대, 그 때가 대한민국이란 나라의 유전자를 결정한 가장 큰 힘이었다고 저는 믿습니다. 그래서 저는 "나라가 태어난 때가 좋다, 우리나라의 사주팔자가 좋다."고 말하는 것입니다.

솔직히 말해서 미국 역사상 가장 진보적인 민주당 트루먼 정부와 그와 협력한 영국 노동당 애틀리 정부, 그리고 그들이 주도한 UN이 없었다면 이렇게 근대적인 모습으로 우리나라가 탄생하지 못했을 것이며, 탄생하였더라도 유아사망하고 말았을 것입니다.

한국전쟁이 일어났을 때 UN이 군대를 보내기로 결의하였습니다. 그 결의를 주도하고 또 실제로 군대를 보낸 나라는 물론 미국이었습니다. 당시의 미국 집권당도 공화당이 아닌 민주당이었습니다. 또 미국과 함께 군대를 보낸 나라들은 영국과 영연방 나라들이었습니다. 당시 영국의 집권당도 보수당이 아닌 노동당이었습니다. 한국의 보수진영 사람들의 기억에는 전혀 없는 사실이죠.

'기회의 평등', 말로 하기는 쉽지만, 그것을 실제 세상에서 눈으로 보기는 매우 드뭅니다. 그래서 북미, 오스트레일리아 같은 신대륙에서 겨우 가능한 일이고, 유라시아 구대륙에서는 숱한 혁명에도 불구하고 쉽게 만들어지지 않았습니다. 어쩌면 구대륙에서 유일한 경우가 대한민국이 아닌가 싶습니다.

저는 평등한 나라에 태어났습니다. 저는 1954년 전쟁이 끝난 직후에 태어났습니다. 저의 친구들은 전국 어느 마을에 태어났든지, 1961년 3월초, 똑같은 날 똑같은 시간에 99.9%가 공립 초등학교에 입학하였습니다. 사립학교는 서울에 하나쯤 있었고, 유치원도 거의 없었고, 입학 전에 한글을 배운 사람도 거의 없었습니다. 세계 역사에서 가장 평등한 교육 환경이 이루어 진 것입니다.

불과 두 대만 올라가도 반상(班常)의 구별이 있었을 것이며, 노비의 후손도 있었을 것이 분명하지만, 제 친구들 사이에서 너희 아버지가 누구인가를 물었던 기억은 없습니다. 이제 늙어서 동창회 나가서 이야기 나누다 보면 모두가 조상들이 왕이거나 장군이나 정승들입니다. 우리 모두가 왕후장상(王侯將相)의 후손들이니 홍길동의 꿈이 이루어진 것입니다.

그러니까 공부 잘하는 놈은 그런 놈들대로, 용감하고 싸움 잘하는 놈은 그런 놈들대로 자신의 재주를 펼쳐서, 여자 친구들의 관심을 끌기 위해 노력하는 데 포기한 사람은 없었습니다. 사회 나가서도 다 열심히 살았습니다. 오히려 대학을 안 간 친구가 사회 먼저 나가서 세상 이치를 깊이 배우고 성공한 사람들이 많습니다.

좌파로서 제가 그토록 중시하는 가치, 이른바 '기회의 평등'이 바로 저가 지금까지 살면서 경험한 바로 그것이었습니다. 그래서 저는 진정한 좌파는 대한민국을 긍정할 수밖에 없다고 생각하는 것입니다.

### 기적은 끝나지 않았다!

이제 여러분의 이야기입니다. 지금 중요한 것은 여러분의 이야기입니다. 세상은 완전히 바뀌었습니다. 우리나라가 선진국이 되었는데 이상하게도 오히려 청년들이 행복하지 않습니다. 아버지가 누구인가에 따라 노력의 결과가 달라지는 현실에 좌절하고 있다는 이야기들을 괴롭게도 자주 듣고 있습니다.

제가 아는 청년들 중에서 노량진에서 공무원 시험공부에 몇 년째, 연애도 포기하고 청춘을 썩히고 있는 사람도 있습니다. 성 안이 아닌 성 밖으로 밀려나면 바로 외국인 노동자들과 심지어 불법 체류자와 경쟁을 해야 하는 신세가 되기 때문에 안간힘으로 성벽에 매달려 있는 셈입니다.

다음 그림을 보십시오. 우리나라가 더 이상 평등의 나라가 아닙니다. 이렇게 자꾸 불평등이 심해지면 자유의 나라로서도 지속되기 어렵습니다.

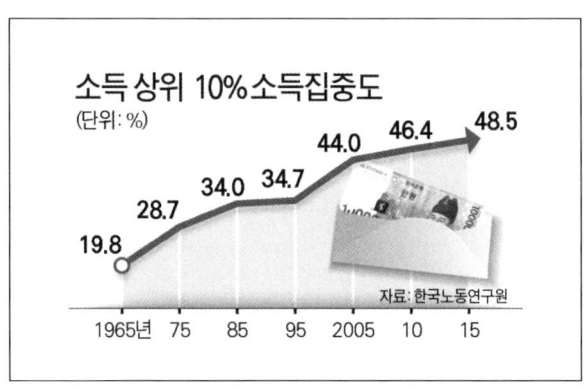

물론 그래프에서 말하는 상위 10%는 개인을 줄 세운 것이라 가족 관계가 아직은 살아 있는 한국사회에서는 아버지가 소득이 높으면 그 혜택을 아들, 딸이 봅니다. 그래서 가족 단위로 보면 대개 상위 20%와 나머지 80% 사이에 격차가 크게 벌어집니다. 농지개혁의 효과가 사라지고 불평등이 심해지고 있습니다. 물론 멕시코, 브라질, 인도, 중국과 비교한 것은 아닙니다. OECD 선진국들과 비교했습니다.

세대 갈등의 시각으로 문제를 보아도 문제가 심각합니다. 일자리와 권력과 돈을 모두 기성시대가 차지하고 청년들을 노비로 부리고자 하는 것처럼 보입니다. 그래서 청년 실업률만큼이나 청년 자살률이 높고, 연애와 결혼을 포기한 청년, 출산을 포기한 청년들이 많습니다. 이른바 캥거루족도 늘고 있습니다.

하지만 저는 2, 30대 청년들에게 희망을 걸고 있습니다. 특히 여러분은 2, 30대 청년들 중에서 가장 미래를 멀리 내다보면서 살아야 할 분들입니다. 여러분은 갓 태어난, 앞으로 태어날 next generation을 가르칠 책임을 진 분들이기 때문입니다. 제 첫 손자가 백일이 지났습니다. 방긋방긋 웃는 아이를 보면서 저는 next generation, 다음 세대가 살아갈 세상, 그들의 나라를 상상합니다.

저는 우리 손자 세대가 기성 시대가 갖고 있는 강박관념, 죄의식, 민족적 열등감, 이런 것을 가지지 않기를 바랍니다. 더 당당한 세계시민이 되기를 바랍니다. 그래서 여러분에게 부탁을 드리고 싶습니다. 글로벌 스탠더드의 좌우파가 되어 달라고 말입니다.

또 우리의 다음 세대를 보다 성숙한 민주공화국의 자유시민으로 키워달라고 부탁드립니다. 자제력과 품격을 가진 시민, 친구를 배려하고 서로를 존중하고 예의로 대하는 독립된 개인으로 키워달라는 부탁을 합니다. 반상의 차별이 없는 나라, 홍길동의 꿈이 이루어진 우리나라가 이제 한 걸음 더 나가서 진정 모든 국민이 하는 행동까지도 양반인 나라, 교양 있는 시민, 책임감 있는 귀족이 되는 꿈이 이루어지기를 바랍니다.

대한민국이 건국된 후 지난 71년 동안은 하늘과 부모로부터 받아서 타고난 유전자들이 발현되는 기간이었습니다. 하지만 이제는 스스로의 의식적인 노력으로 성숙하고, 어른이 되고, 진정한 선진국이 되어야 합니다. 그렇게 되려면 여러분이 우리나라에 대해서 더 잘 알아야 합니다.

　지금의 기성세대들은 실은 우리나라에 대해서 잘 모릅니다. 자신이 보고 경험한 것들, 자신이 만든 편향되고 부분적인 기억에 갇혀 있습니다. 여러분이 오히려 대한민국 71년의 역사의 전모를 잘 볼 수 있습니다. 있는 그대로 볼 수 있습니다. 무엇보다도 지금의 시점에서 중요한 것을 인식할 수 있습니다.

　그래서 저는 여러분 청년들을 믿고 따르려고 합니다. 저는 열심히 달려왔지만 오늘의 청년들은 내가 도달한 그 지점에서 출발하고 있었습니다. 평생 공부하고 반성하여 깨닫고 보면 이미 청년들은 당연하게 그렇게 생각하고 실천하고 있었습니다. 그런 청년 중에는 1990년생, 경기도 시골 초등학교 박석희 선생님도 있습니다. 그의 이야기는 이렇습니다.

　북한 인권 문제에 대해서 자기 견해를 밝히자 교육계의 대선배이고 전교조의 전설적 활동가였던 어떤 선생님이 자기더러 '조선일보만 보고서 그런 생각을 하고 있다'고 야단을 쳤다는 것입니다. 그런데 사실은 그 선생님이야말로 한겨레신문만 보고, 자기는 「뉴욕타임스」를 주로 읽는다는 것입니다.

　그러니까 북한 김정은 정권의 독재와 인권 탄압에 대한 비판은 트럼프 행정부보다 오히려 미국 민주당과 미국의 진보언론이 더 강하고, 유럽에서도 북한 인권 문제를 더 강력하게 제기하는 쪽은 사회민주당, 노동당, 좌파 정당들인데, 이런 국제적인 분위기와 한국의 분위기는 거꾸로 되어 있으니, 그런 글로벌 기준의 20대 청년과 한국식의 진영논리에 갇힌 50

대 중년의 생각은 다를 수밖에 없습니다.

간혹 청년들에게 훈계하는 어른들이 있습니다. "독립운동하신 애국선열들은 그 얼마나 어려운 여건에서 목숨을 걸고 조국을 위해서 헌신하지 않았느냐, 그 분들을 생각하면 당신들은 너무 편한 세상을 살고 있다."라고 말하면서 은근히 부채의식을 요구하는 분들이 있습니다. 그런 분들이 진정 하고 싶은 이야기는 아마 이런 이야기일 겁니다. "우리가 젊었을 때는 최루탄을 마셔가면서 민주화운동을 했다. 「1987」 같은 영화를 봐라. 너희들은 우리 기성세대를 존경해야만 한다."

저는 그 분들과는 전혀 다르게 이야기하고 싶습니다. "역사에 주눅 들지 마라, 역사인물을 숭배하지 마라. 인간은 다 비슷하고, 거기서 거기다. 예를 들어 3·1운동 당시의 청년들을 본다면 그 분들은 근대인, 문명인, 세계시민인 척하려고 애를 썼지만, 속은 아직 중세인, 유교 탈레반을 채 벗어나지 못했다. 하지만 여러분은 그냥 가만있어도 진정한 세계시민이다. 민족주의 판타지 영화를 믿지 마라. 민주화운동 영웅담도 다 믿지는 마시라. 과장이 심하다. 현실에서 영웅은 매우 드물고, 잠시 나타났다 사라지는 환상이다. 그러니 차라리 평범하지만 열심히 산 나의 부모님을 존경하고 나의 조상들에게 감사하자."

우리가 운이 좋다는 사실은 잊지 말아야 합니다. 지금 이 시대 대한민국에 태어난 것은 큰 행운입니다. 동아시아 인구의 10분의 1만 누릴 수 있는 자유를 우리는 누리고 있습니다. 세계 인구의 10분의 1만 누릴 수 있는 풍요를 우리는 누리고 있습니다.

자유와 평등의 나라, 대한민국을 긍정하고 또 사랑하는 좌파로서 저는 주장합니다. 다음 세대를 위한 역사 교육은, 그를 위한 한국 현대사는 대한민국 건국을 주도하신 분들, 이승만, 김성수, 조만식, 신익희, 조봉암의 이야기를, 그 분들의 꿈과 좌절, 갈등과 애증(愛憎)을 중심으로 다시 쓰여져야 한다고 말입니다. 한독당의 배신자 신익희와 공산당의 배신자 조봉암의 이야기가 후손들에게 충분히 재미있고 교훈적인 이야기로 전해질 수 있다고 저는 믿습니다.

우리는 지금까지 산고(産苦)의 아픈 기억에서 헤어나지 못했습니다. 그래서 우수한 유전자를 가진 옥동자를 낳은 사실을 잊어버리고 살았습니다. 하지만 대한민국이라는 옥동자가 자라서 성인이 되었습니다. 이제는 우리가 좌우파로 나뉘어 논쟁을 하더라도 하나의 공통된 텍스트(text)로서 1948년 헌법, 우리나라를 만든 조상들의 꿈에서 출발하여 자신의 주장을 펼칠 때가 되었습니다.

지금까지 대한민국은 기적이었습니다. 하지만 기적은 아직 끝나지 않았습니다. 지난 이야기들보다 훨씬 드라마틱하고 놀라운 이야기들이 앞으로 전개될 것입니다. 그것은 여러분의 이야기입니다. 그 이야기는 이제 시작입니다.

경청해주셔서 감사합니다.

# 5·18에 돌아보는 한국 민주주의 역사

- 호남대안포럼 초청 강연 -

일시 : 2021년 5월 22일
장소 : 광주YMCA 백제실

# 5·18에 돌아보는 한국 민주주의 역사

▌2021년 5월 22일
　광주YMCA 백제실

　　영광입니다. 저는 2013년 4월, 중앙일보와 인터뷰를 하면서 민족문제연구소가 만든 「백년전쟁」이라는 동영상을 비판했다가, 젊은 시절의 동지들로부터 '제2의 김지하'라는 말을 들은 사람입니다.

　　저로서야 그렇게 불러주면 영광이지만, 그 사람들에겐 그 말은 변절자, 곱게 늙지 못하는 사람, 심지어 아픈 사람이라는 뜻이었습니다. 지금도 많은 사람들이 기피하는 저를 5·18을 기념하는 뜻 깊은 행사에 불러주신, 호남대안포럼 회원 여러분에게 진심으로 감사를 드립니다.

　　제가 오늘 이 자리에서 하는 말에는 틀린 말도 있을 겁니다. 저의 공부가 부족하고 견문이 좁아서 잘못된 이야기를 할 수도 있으니, 지적하고 고쳐주시기 바랍니다. 다만 저가 보고 느낀 그대로 정직하게 말씀을 드리겠습니다.

참고로 저는 "죽음의 굿판을 걷어치워라"고 외친 1991년 5월의 김지하를 미쳤다고 생각하지 않습니다. 그 분이야말로 그 해 봄에 미치지 않았던 사람이고, 누군가는 해야 할 말을 그가 했다고 생각합니다. 당시에도 그렇게 생각했고, 지금도 그렇게 생각합니다.

일주일에 한 명 꼴로 멀쩡한 젊은이들이 분신을 하고 높은 건물에서 떨어져 아까운 생명을 버리는데, 그 이유가 분명하지 않았습니다. 아무도 이해하지 못하는 죽음, 저는 당시의 학생운동의 행태를 집단 정신병이라고 생각했습니다. 그런데 선배들이 그들을 '열사'라 부르면서 사실상 부추기고 있었습니다.

하지만 아직 저는 김지하를 제명한 민족문학작가회의가 단체로서나 그 단체에 속했던 어떤 개인이 반성했다는 말을 들어본 적이 없습니다. 성찰이 없고, 철들기를 단체로 거부하는 것입니다.

또 잠시 다른 이야기이지만, 사실은 '변절', '변절자' 같은 전근대적 언어를 즐겨 사용하는 사람은 근대인이 아니고, 민주공화국의 시민이 아닙니다. 나와 의견이 다른 사람을 인정하지 않는 사람, 나와 다른 의견을 존중하지 않는 사람은 민주주의 나라의 시민이 될 수 없습니다.

### 민주화운동이란 무엇인가?

본론으로 들어가서 여기 중요한 질문이 하나 있습니다. 1987년부터 97년까지 10년 동안의 학생운동을 민주화운동이라고 볼 수 있을까요? 해방이 된 후에 독립운동을 할 수가 있습니까? 민주화 이후에 하는 민주화운동이라는 것은 도대체 무엇을 어떻게 하는 것인가요?

주사파의 친북 민족주의운동, 통일운동은 민주화운동과는 별로 상관이 없다고 저는 생각합니다. 저 같은 경우에도 1987년 이후 사회주의운동, 노동운동을 했었지만 이를 민주화운동이라고 생각해본 적은 없습니다.

통일운동이라는 이름으로 행해진 학생운동의 일탈은 민주화의 진전, 한국 민주주의의 발전에 방해가 되면 되었지 도움이 되지 않았습니다. 저는 당시에 저희들의 활동에 소액 후원을 하시는 분들이나 친구들에게 변명하기 바빴습니다.

"학생들이 곧 철이 들 것"이라고, "조만간 학생들이 선배들의 말을 들을 것"이라고, 이야기를 하고 다녔습니다. 하지만 온갖 난동을 부리고, 임종석이나 임수경이 통일놀이를 하고, 이에 맞장구쳐서 문익환 목사님까지 천진난만한 어린아이 같이 움직이실 때, 정말 난처했습니다.

그 날, 당시 한겨레신문은 여덟 면 정도 냈던 것 같은데요, 그 여덟 면의 거의 대부분을 문익환 목사 방북 사건으로 가득 채운 신문을 들고, 아침에 저희 집으로 달려온 친구 박석운의 당황한 얼굴을 잊을 수 없습니다.

철산리 이웃에 살던 우리는 학생 시절부터 동지인지라 활동 공간은 달라도 자주 의논을 했고, 며칠 전에 노동자들을 식칼로 테러한 사건에 대하여 정주영 현대중공업 회장의 책임을 물어야 한다고 심각하게 의논하기도 했었습니다.

주사파가 학생운동에 퍼지기 시작한 것은 1987년 민주화 이전이지만, 주사파가 학생운동의 주류가 되고, 또 학생운동이 모든 대학 캠퍼스를 장악한 것은 민주화 이후였습니다. 즉 주사파의 전성기는 민주화 이후였습니다. 그리고 그들의 행동은 민주주의의 발전에 도움이 되지 않았습니다.

87년의 승리에 취한 학생운동이 열정과 에너지를 쏟을 가상현실이 필요하고, 간이 배 밖으로 나와서 독립운동가나 혁명가와 스스로를 동일시하는 청년들이 뛰어놀 관념의 놀이터가 필요했고, 그것이 이른바 통일운동이라고 저는 봅니다.

그래서 저는 1992년 즈음 되던 시절 저를 도와주시던 어떤 대선배에게 이렇게 말씀드렸습니다. "호미로 막을 수 있는 것을 가래로도 못 막습니다. 그러니 학생운동의 물꼬를 다른 방향으로 돌릴 수 있도록 신경을 써야 합니다."

사실 한 해 수만 명씩 사회로 쏟아져 나가는 NL 주사파, 친북 민족주의자들이 나중에 한국 사회에 어떤 문제를 일으킬 것인지 저는 걱정이 되었습니다.

하지만 당시의 어른들은, 특히 당시 집권 초기에 지지율이 90%를 넘나들던 YS계는 물론이고, 절치부심(切齒腐心), 다음에는 우리가 잡는다는 생각에만 골몰하던 DJ계도 아무 관심이 없었습니다.

오히려 그 분들은 제가 골치 아파하는 후배 학생들을 이뻐 했습니다. 젊은이들이 저러다 나이 들고 사회생활하면 곧 철들 것이라며 별로 걱정하지 않았고, 심지어 어떤 지도자는 그들에게 국회의원 공천을 줘버리기도 하였습니다.

그 분들은 「해방전후사의 인식」을 읽지 않았고, 청년들의 머리를 지배한 사상과 세계관, 역사관에 대해 잘 몰랐습니다. 권노갑이 1930년생이고, 최형우가 1935년생이니, 해방 당시 10대 소년들이었습니다. 그러니 깊은 고민이 없는 분들이었습니다.

아마 1997년 즈음 전남대 총학생회장을 한 74년생 글쟁이 곽대중, 필명 봉달호는 신동아, 조선일보 등에다 "그 많던 주사파는 다 어디로 갔을까"라는 글을 썼지만, 우리는 그 답을 알고 있습니다.

주사파 가운데 소수가 1997년 이른바 전향을 했습니다. 하지만 이상하게 우리의 기대와는 달리 보수진영과 손을 잡고 '북한민주화운동'이란 걸 시작하였습니다. 다른 주사파 청년들이 전향을 하고 싶어도 할 수 없도록 만들어 버린 것입니다. 그래서 많은 사람들이 슬그머니 숭배의 대상으로서 김일성 주석을 김구 주석으로 바꾸어서 살고 있는 것입니다.

그들이 철들기를 그토록 오래 기다려 온 우리는 '닭 쫓던 개'가 되어 지붕 위를 쳐다 볼 수밖에 없었습니다. 우리가 기다려온 그들은 아무 의논도 없이 보수진영으로 넘어가 버렸습니다. 그 녀석들이 철들면 의논을 해서 왜곡된 대한민국관, 현대사관, 이념 지형을 함께 정상화시켜 나가려던 기대는 무너지고 말았습니다.

저는 당시에 참 '무식하고 건방진 놈들'이라고 생각했습니다. 요즘은 그 친구들과 친하게 지내고 있습니다만, "한국 농촌에 지주와 소작인이 있냐? 가보라!"고 아무리 이야기해도 '식민지 반봉건 사회론'을 고집하던 그들의 모습, 한국사회에 대한 선배들의 연구를 전혀 읽지 않고, 오직 대남 방송만 듣고 따르던 그들의 행태를 잊을 수가 없습니다.

오늘날 한국 민주주의의 큰 적은, 한국 민주정이 위기에 처했던 15년간에 민주화운동을 한 적이 없는 사람, 혹은 민주화 이후에 다른 일을 해놓고 민주화운동을 했다고 스스로를 속이고, 남을 속이고 있는 사람입니다.

그 중의 대다수가 '전향할 기회를 놓친 주사파'입니다. 그들이 이른바 '대깨문'의 핵심을 이루고 있다는 사실은 누구나 잘 압니다. 다만 모른 척 할뿐입니다. 간혹 이석기나 윤미향 같은 이가 나타나면 "아직도 저런 사람들이 있었어?"하면서 무척 놀란 척합니다.

그들의 패거리가 선동정치, 중우정치, 금권정치로 민주주의를 타락시키고 있는 것입니다. 그들은 민주주의가 무엇인지 잘 모르고 민주주의에 적응하지도 못하지만, 민주주의를 이용하는 데는 천재입니다.

그들의 패거리 짓기, 독선과 오만이 민주주의를 위협하고 있습니다. 더 웃기는 건, 아니 웃지 못할 일은 그들이, 민주주의가 무엇인지 모르는 사람들이 이른바 '민주시민교육'의 강사로 전국에서 활약하면서 국가 예산을 축내고 있다는 사실입니다.

민주화가 이미 된 이후에, 민주주의 나라에 태어나서 민주주의를 잘 아는 선진국 사람들을 민주주의가 무엇인지 잘 모르는 후진국 사람들이 가르치는 이상한 일이 벌어지고 있는 것입니다. 그래서 저는 자주 이야기합니다. "후진국 사람이 선진국 사람을 가르치려 하지마라!"

이제 민주화운동은 엄격하게 개념 규정될 필요가 있습니다. 민주화운동의 개념이 애매모호하다보니, 동학농민운동까지 거슬러 올라가는 웃지 못할 일이 벌어지는 것입니다.

**민주주의는 무엇인가?**

그러면 왜 이런 일이 벌어지고 있는 것일까요? 다시 김지하로 돌아가겠습니다. 1975년의 김지하는 젊은 시절 우리가 즐겨 부르던 노래가 된 시를 썼습니다. "네 이름을 남몰래 쓴다. 타는 목마름으로, 타는 목마름으로, 민주주의여 만세!"로 끝나는 이 시에서 민주주의는 꿈이 됩니다.

이렇게 민주화운동의 시기, 민주주의는 현실에서 사라진 대신 꿈과 이상의 세계에 되살아났습니다. democracy가 민주주의로 애초에 잘못 번역된 사정은 사태를 더욱 악화시켰습니다. 민주주의는 하나의 이상이 된 것입니다. 민주주의는 영원히 도달할 수 없으며, 오직 아름답기만 한 그 무엇이, 단테에게 베아트리체와 같은 존재가 되었습니다.

그러나 민주주의는 사회주의나 자유주의와 달리 하나의 사상이거나 이념이 아닙니다. 그것은 현실에서 존재한 여러 가지 정치체제, 군주정이나 귀족정, 과두정, 혼합정 같은 정치 체제들 중의 하나일 뿐입니다,

사실 부끄럽게도 저가 이런 사실을 깨달은 것도 민주화운동의 시기가 아니라 민주주의를 실제로 경험하면서였습니다. 민주화된 지 15년쯤 지났을 때야 비로소 저는 깨달았습니다. 우리가 민주화운동 할 때 민주주의가 무엇인지를 몰랐다는, 기가 막힌 사실을 말입니다.

1987년 민주화가 된 이후 시간이 흐를수록, 민주주의가 무엇인지 알게 될수록 점점 소크라테스를 이해하게 되는 저 자신을 발견하고, 속으로 깜짝 놀라면서, 큰 비밀을 안고 살게 되었습니다. "늙으면 보수화된다더니 내가 바로 그런 것인가"라고 생각하기도 하였습니다.

스승은 민주주의에 반대하다 목숨을 잃고, 그 스승의 죽음을 본 제자가 대를 이어서 그야말로 목숨을 걸고 민주주의를 지독하게 비판하다가 마침내 철인정치론이라는 위대한 정치철학을 내놓은 플라톤에게 정서적으로 공감을 한다는 사실은 친구들에게 숨겨야 할 저만의 비밀이었습니다.

저는 1987년 백기완 대통령 선거운동을 시작으로 1988년 민중의당, 1990년 민중당 창당에 관여하였고, 1988년에는 인천 부평에서 대우자동차 노동조합의 송경평을 후보로 내세워 선거운동을 하였습니다. 송경평 선거운동을 하러 갔더니 웬 덩치가 황소만한 친구가 있었는데 송영길 택시노조 사무국장이라고 소개하더군요. 그 사람이 지금 민주당 대표 송영길입니다.

그런데 재미있는 것은 송경평의 고향 고흥에서 종친회 어른들이 오셨는데, 모두들 20대인 시절에 저가 그래도 35살이라고 나이 많다고 그 분들 접대를 하는데, 상상 이상의 많은 후원금을 가지고 오셔서 깜짝 놀랐습니다. 한국 정치의 혈연, 지연, 학연을 처음 경험하였지요. 송영길 대표의 고향도 고흥인데, 아마 같은 문중이 아닌가 싶습니다. 여담이었습니다.

그 후로 1989년 6월의 천안문 사태, 가을에 동유럽 혁명을 보면서, 이런 사태가 무엇을 의미하는지를 설명하지 못하는 우리가 얼마나 우물 안 개구리인가를 절감하고 황광우를 비롯한 저희 동료들은 다시 공부를 하기 시작했습니다.

마침내 소련의 해체라는 사태를 맞이하여 이른바 '신노선'이라는 이름으로 맑스-레닌주의를 버리고 사회민주주의, 페이비안 사회주의의 방향으로 전향하여 한국노동당이라는 당을 창당하게 되었습니다.

그러니까 저희들은 유로-꼬뮤니즘 비슷한 생각으로 사회주의운동, 노동운동을 하고 있다가 1991년 가을에 노선을 전환하였는데, 같은 해에 역사 깊은 서유럽 최대의 이탈리아 공산당이 스스로 깃발을 내리고 당을 해체하고, 좌파민주당으로 재창당하였다는 소식을 나중에 듣고, 안도하기도 했습니다.

물론 이후 전개는 저희들이 워낙 소규모이고, 약세다 보니 민중당과 합당하여 총선에 참여하여 대패하고, 이재오, 김문수 등이 신한국당에 입당하고, 남은 동지들의 절반 이상이 경실련으로 가버리는 등으로 좌절하고 고립되었습니다.

대다수 운동권에서는 당시에 우리를 합사개(합법주의, 사민주의, 개량주의)라고 욕하고 변절자 취급을 했지만, 아마 그렇게 욕한 분들은 그 사실을 다 잊어버렸을 겁니다.

그 후로 여러 해 암중모색하다가 1997년 권영길 대통령 선거운동과 2000년 민주노동당 창당에 참여하고, 저 자신도 마산에서 지구당을 만들고 국회의원 후보로 세 번 출마하여 낙선하기도 하였습니다.

이런저런 경험은 저로서는 민주주의에 대하여, 특히 한국 민주주의에 대해 공부하는 과정이었습니다. 가장 먼저 저는 선동정치, 중우정치, 금권정치가 민주정치와 별도로 존재하는 그 무엇이 아니라 바로 민주정치의 다른 얼굴이라는 사실을 보았습니다.

그래서 저는 현대 민주주의 선진국의 정치 제도가 민주주의만이 아니라 철인정치적 요소를 가미하고 있다고 봅니다. 특히 선진국에서 발전한 정당은 민주주의로부터 유래한 것이 아니라 철인정치적 요소라고 저는 봅니다. 정당은 인텔리겐챠, 철학자의 집단이고, 그람시의 표현에 따르면 현대의 군주(君主)입니다.

몇 년 전 독일의 정당들의 통계를 누군가 전해주는데, 사민당, 기민련, 기사당, 좌파당, 녹색당 등 모든 정당들의 당원 수를 합하니 전 독일 국민의 2~3%쯤 되었습니다. 그렇다면 그 나라 2~3%의 국민은 나머지 다른 사람들보다 훨씬 큰 정치적 권리를 행사하고 또 책임과 의무를 지는 셈입니다.

우리나라 정치가 유럽 선진국들의 정치와 비교하여 덜 발달한 부분이 있다면 바로 정당의 발달이 아닌가 싶습니다. 요즘 광주에서 주동식 위원장께서 진성 당원이 있는 정당을 만들자는 평당원 운동을 제창하고 있는데, 저는 한국정치를 바꿀 가장 근본적인 방안이라고 생각합니다.

이주영이라고 권영길의 경쟁 상대였던 창원 출신 국회의원이 있었습니다. 그 분이 위원장으로 있는 지구당에 부위원장이 48명인지 49명인지 이주영 위원장이 정확하게 알지 못했습니다. 대부분 동네에서 가게 하면서 사소한 일로 파출소 불려 다니는 분들이나, 자동차나 보험 영업하시는 분들이었습니다.

그러니 7선을 하신 이해찬 전 총리는 당선되실 때마다 정당 이름이 바뀌어서 본인이 그 이름을 순서대로 다 기억하지 못하는 일도 있는 것입니다.

다시 하던 이야기로 돌아가겠습니다. 민주화운동 시절의 우리는 민주주의가 무엇인지를 잘 몰랐고, 민주주의의 뒷면을 흡사 달의 뒷면처럼 본 적이 없었고, 우리가 아는 민주주의는 구체적이고 역사적인 존재가 아니었습니다.

추상적이고 이념적인 민주주의를 관념 속에서 아무데나 갖다 붙이고, 민족주의와 혼합시키다보니 현대 세계에서 가장 민주주의와 거리가 먼 북한의 신정체제(神政體制)를 숭배하는 어이없는 일도 있었던 것입니다.

**한국 민주주의의 뿌리**

이제 우리가 분명히 할 것은 민주화운동을 했다고 해서 민주주의를 잘 아는 것도 아니고, 민주주의에 익숙한 것도 아니라는 사실입니다. 또 민주주의에 도움을 주는 역할을 지금도 계속하고 있는 것도 물론 아닙니다.

민주주의는 하늘에 있는 이데아가 아니라, 땅에 있는 구체적 실체였습니다. 1948년 8월 15일 성립한 Republic of Korea가 바로 우리의 민주정이고, 살아 움직이는 역사적 존재로서 한국 민주주의입니다.

그래서 우리 조상들이 오래 설계하고, UN이 직접 개입하고 도와주어서 만든 나라, 성공한 민주공화국 Republic of Korea를 부정하는 「해방 전후사의 인식」은 역사학이 아니고 관념적 지식인의 망상이며, 그 바탕을 이루는 정서로서 민족주의를 저는 '지성을 마비시키는 독약'이라고 부릅니다.

Republic of Korea를 직역하면 고려공화국이죠. 그래서 인촌 김성수는 고려공화국이라고 하는 것이 너무나 당연하다고 생각하여, 보성전문의 이름을 급히 고려대학교로 바꾸시고, 좋은 이름 선점했다고 미소를 지은 것입니다.

또 죽산 조봉암은 제헌국회에 상정된 헌법 초안 토론에서 첫 발언자로 나서서, 대한민국이라는 국호를 신랄하게 비판했던 것입니다. 하지만 임시정부 초대 대통령이었던 자신의 위상을 과시하려는 이승만 박사의 정치적 의도에서 결국 대한민국이라는 촌스런, 하지만 다른 면에서 보면 우리나라 독립운동에 뿌리를 두고 있는 국호를 다시 채택하고 말았습니다.

우리나라 민주정의 역사를 말하기 전에, 저는 항상 김홍집을 말씀드리고 싶어 합니다. 왜 김홍집인가? 우리 조상들이 1860년 북경 함락 이후에 고민한 문제는 "번속국(藩屬國) 군주정 조선이냐, 독립국(獨立國) 민주정 대한민국이냐"로 귀결된다고 볼 수 있습니다.

그렇기 때문에 우리나라 민주주의 역사의 서론은 김홍집이 조선에 소개한 「조선책략」으로부터 일어난 논쟁, 영남만인소와 위정척사파, 그리고 문명개화파의 성립으로부터 시작해야 할 것입니다.

그리고 1884년의 무모한 갑신정변과 이후 10년의 위안스카이 간섭 하에서 보낸 잃어버린 10년을 거친 후에 비로소 1894년에 가서 온갖 오해와 중상모략을 무릅쓰고 갑오경장을 관철시키고, 결국에는 광화문 네거리에서 장엄한 죽음을 맞이한 김홍집이야말로 진정한 혁명가라고 저는 생각합니다.

그 분은 김옥균, 박영효 등 철없는 도련님 후배들이 일을 벌여놓으면 수습을 도맡아하고, 고종의 간청에 마지막 영의정과 첫 총리를 맡아서 때늦은 개혁을 하여 조선의 신분질서를 해체하였습니다.

김홍집이야말로 실질적으로 인민을 위해 헌신한 정치가로서 우리나라 민주정의 역사에서 가장 먼저 이야기해야 할 분이라고 저는 생각합니다. 전근대적 신분질서의 해체가 좋은 민주정의 가장 중요한 전제이기 때문입니다.

김홍집의 헌신 후에 비로소 새로운 시대가 시작되고 보성에서 태어나신 서재필과 충청도 촌놈 이상재는 아펜젤러, 언더우드, 에비슨, 게일 등 미국과 캐나다에서 온 젊은 선교사들의 도움으로 독립협회를 만들고, 독립문을 세우고, 독립신문을 만들고, 만민공동회를 열었습니다.

거기서 백정에서 면천된 박성춘이 연설을 하고 열아홉 소년 안창호가 연설을 하고, 그 연설을 통해서 지도자로 등장합니다. 무엇보다도 만민공동회에서 우리나라 독립운동의 기본 노선이 성립되니 바로 친미 민주공화국을 세우자는 큰 방향입니다.

한반도에 영토적 야심이 없고, 동아시아에 기독교 나라 하나를 세우고 싶다는 젊은 선교사들의 열정을 거들 뿐인 무심한 미국을 끌어들여서 그 미국을 닮은 민주공화국을 세우면 독립할 수 있다는 소박한 생각, 바로 그것이 이상재와 서재필의 생각이고, 그들이 키운 아들, 또는 아우들인 이승만과 주시경과 안창호의 생각이었습니다. 민주공화국의 구상이 한반도에 처음으로 등장한 것입니다.

그래서 저는 우리나라 독립운동사와 한국 민주주의 역사의 뿌리는 하나이고, 이를 공부하는 사람은 가장 먼저 「조선책략」부터 읽어야 한다고 말씀을 드립니다. 그리고 양화진 외국인 선교사 묘지에 가보아야 한다고 말씀드립니다.

양화진 외국인 선교사 묘지 안내 책자 영문판에 이렇게 써놓았습니다. "선교사들은 병원을 세우고 학교를 세움으로써 한국 사회에 크고 깊은 영향을 미쳤을 뿐만 아니라, 더 중요하게 눈에 보이지 않는 가치를 변화시켜 낡은 한국의 신분질서를 해체하는데 기여하였다." (The missionaries profoundly influenced Korean society, not only by establishing hospitals and schools, but by affecting its intangible values, thus contributing to the abolition of the class hierarchy in old Korea.)

맞는 말 아닙니까? 저는 크리스챤이 아니지만, 감사할 줄 아는 사람이기 때문에 양화진 선교사 묘지에 갈 때마다 깊은 감동을 느낍니다. 광주의 양림동 외국인 선교사 묘지에도 가서 참배를 했습니다.

독립협회와 만민공동회 다음으로 우리가 공부해야 하는 것은 3·1운동과 거기서 탄생한 대한민국 임시정부입니다. 잘 아시다시피 독립된 민주공화국의 구상은 임시정부로 구체화됩니다.

저는 임시정부를 공부하면서 큰 감동을 받았습니다. 1873년생 이동휘, 1875년생 이승만, 1878년생 안창호라는 세 지도자는 모두 평민의 아들이었습니다. 이승만이 유일하게 몰락 양반의 아들로서 과거를 준비하던 유생이었지만, 명문거족과는 거리가 한참 멀었으니 평민이나 다를 바 없었습니다.

특히 함경도 단천의 아전의 아들인 이동휘가 이승만과 나란히 최고 지도자로 떠올랐다는 사실은 온몸에 전류가 흐르는 감동을 줍니다. 대한제국의 군인으로 출세를 했다고는 하지만 그는 어디까지나 아전의 아들입니다. 그런데 국가 원수로 추대되었습니다.

이승만과 이동휘는 여러 임시정부 구성안에서 집정관 총재, 대통령, 국무총리 등 국가를 대외적으로 대표하는 자리와 국정을 총괄하는 자리에 교차 추대되었던 것입니다.

그리고 실제적으로 상하이에서 통합 임시정부를 만들어내고 이끌었던 안창호는 그야말로 평안도 시골의 상놈의 자식이었습니다. 이동휘와 이승만과 안창호, 세 지도자가 이끌고 대표하는 임시정부는 민주공화국의 그림으로 손색이 없습니다.

한때 우리나라 독립운동의 기본노선은 심하게 흔들렸습니다. 그것은 독립운동에 3·1운동의 아이들이라는 새로운 세대가 쏟아져 들어오면서 나타난 위기였습니다. 그것은 민주화운동에 386세대라는 5·18의 아이들이 등장한 것과 비슷합니다. 이들이 우리나라 독립운동에 친소 공산주의 노선을 끌고 들어온 것입니다.

물론 그런 일이 벌어진 세계사적 배경도 있고, 이해할 만 하기도 하지만, 자기 세대에서 대세라고 할 만큼 다수가 되면 불을 보듯 뻔한 사실에도 눈감는, 반지성적인 모습을 보이는 건 마찬가지인 듯합니다.

주시경 선생이 1914년 요절하고, 종로 YMCA 회관에 앉아 아들, 손자 세대의 청년들을 달래면서 너무 극단으로 가지 않도록 가르치던 이상재 선생이 좌우합작의 신간회 회장으로 추대된 지 한 달 만에 1927년 돌아가시고, 이동휘 선생이 1935년, 안창호 선생이 1938년 돌아가셨지만, 이승만 박사가 해방 후까지 살아남았습니다.

그는 인촌 김성수 선생과 한독당을 탈출한 해공 신익희, 공산당을 탈출한 죽산 조봉암과 함께, 그리고 고당 조만식을 정신적 지주로 하는 월남민들의 도움으로 '3·1운동의 아이들'의 친소노선이 초래한 혼란을 극복하고 우리나라 독립운동의 기본 노선을 지켜내었습니다.

**대한민국의 탄생과 성장**

그리고 마침내 UN이 1947년 11월 14일 총회에서 한국에 민주정부를 세우기로 결의하고 유엔 한국임시위원단을 파견하였습니다. 그리고 어느 나라에도 뒤지지 않게 바로 여성에게도 투표권을 주고, 글자를 모르는 문맹자도 투표할 수 있도록 기호를 막대기 숫자로 표시하였습니다. 가장 진보적인 선거법으로 총선을 치른 것입니다.

최근에 저는 5·10총선의 선거법을 만드는 데 기여한 유엔 한국임시위원단 법률고문 마르크 슈라이버(Marc Schreiber), 그리고 미군정 법률고문 프랭켈(Ernst Frankel)과 퍼글러(Charles Pergelr) 등이 모두 공산주의 또는 파시즘의 박해를 피해 미국으로 망명한 유럽의 사회민주주의자들이었다는 사실을 알게 되었습니다. 저로서는 감회가 새로웠습니다.

2차 세계대전을 치뤄내고, 전쟁 후에 새로운 세계 질서를 만든 것은 '영미의 진보'라는 사실을 저는 강조하여 말씀드리고 싶습니다. 대한민국이라는 나라에는 바로 2차 세계대전 직후라는 시대 분위기와 영미 진보의 유전자가, 그들의 꿈과 이상, 그들의 헌신이 깊이 내재되어 있습니다.

2차 세계대전을 승리로 이끄는 데 중심이 되었던 미국의 지도자는 민주당의 루스벨트였습니다. 그는 미국식 사회민주주의라고 할 수 있는 뉴

딜정책을 밀고나간 지도자로 유명합니다. 그리고 영국에서는 노동당이 거국내각에 참여하였으며, 전쟁이 채 끝나기도 전에 노동당의 애틀리 수상이 단독 집권하였습니다.

1948년 12월 12일 파리에서 열린 제3차 유엔총회에서 대한민국 정부를 한반도에서 주민의 자유의지가 표현된 유일 합법 정부로 승인했습니다. 마침내 우리 조상들이 꿈꾸던 민주공화국을 세울 수 있었던 것입니다. 그래서 저는 한국 민주정의 역사는 1948년 5월 10일부터 시작한다고 믿습니다.

또 대한민국이 탄생하자마자 겪은 홍역과도 같은 위기, 유아사망의 위기에서 구해준 것도 영미의 진보 세력이라고 말할 수 있습니다. 1950년 6·25전쟁이 터지자 3일 만에 군대를 파견하고, 즉시 유엔 안전보장이사회를 열어서 유엔군의 깃발 아래 16개 나라 군대가 대한민국을 위해서 싸우게 한 당시의 미국 정부는 공화당 정부가 아니라 루스벨트를 이어 받은 트루먼의 민주당 정부였습니다.

그리고 당시 영국 정부는 보수당 정부가 아니라 애틀리 수상이 이끄는 노동당 정부였습니다. 저는 보수진영 사람들에게 가끔 이런 이야기를 하면 처음 생각해보는 눈치입니다. "노동당(!) 정부가 군대를 보내서 대한민국을 구해주었다!"

2차 세계대전 직후 미국의 힘은 물론 막강했지만, 영국은 영연방의 종주국으로서 국제정치에 나름대로 큰 영향력을 가지고 있었습니다. 한국전쟁에 군대를 보낸 16개 나라들의 절반은 영연방 나라들입니다.

한국 민주주의를 보다 넓은 세계사의 시야에서, 또 긍정적인 관점에서 바라보면, 그 전에는 보이지 않던 여러 가지 흥미로운 사실을 보게 됩니다.

1952년의 부산정치파동과 발췌 개헌이나 1954년의 사사오입 개헌, 이런 무리한 일들을 거듭하면서 이승만 대통령의 권위는 추락해갔는데, 역설적으로 그것은 아무리 권위가 높아도 헌법을 지키고, 전쟁 중에도 임기를 지키지 않을 수 없었기 때문입니다.

우리가 흔히 암울한 혼란기라고만 생각하는 50년대도 그렇게 간단하지 않습니다. 1948년 건국부터 1960년 3·15 부정선거까지 전국 선거를 열 한 번이나 치릅니다. 국민들이 부지런히 투표를 한 것입니다.

1956년 대선에서는 유명한 "못살겠다, 갈아보자!"라는 구호도 나왔고, 신익희 후보의 30만 한강 백사장 유세 장면도 나왔습니다. 그리고 조봉암 후보의 30% 득표라는 이변에 더하여 야당의 장면 후보가 부통령에 당선되기도 하였습니다. 이승만 박사가 이제 그만 두기를 바라는 국민의 마음이 선거 결과로 표현되었습니다.

또 보릿고개가 아직 사라지지 않은 60년대에도 한국 민주주의는 만만하지 않게 작동합니다. 1963년에 윤보선과 박정희가 맞붙은 대통령 선거 같은 경우도 매우 재미있습니다. 경쟁 상대를 빨갱이로 모는 색깔론은 윤보선이 펼칩니다. 그리고 그 전략은 상당히 먹혀 들어가서 월남민이 많아 사는 서울과 경기, 강원 등에서 윤보선은 압승합니다. 부산에서도 비등합니다.

그럼에도 근소하게라도 박정희가 이긴 것은 경남, 전남, 경북, 전북의 순서대로 남부의 빈농들이 박정희를 지지하였기 때문입니다. 경북 출신이지만, 정작 가장 많은 표를 받은 건 경남과 전남이라는 사실도 재미있는 사실입니다.

지난 73년 대한민국은 민주정의 독립국으로 자리를 잡는데 성공하였습니다. 부산정치파동을 취재한 영국 기자가 "한국에서 민주주의를 바라는 것은 쓰레기더미에서 장미꽃이 피기를 바라는 것과 같다"고 말했지만, 한국은 쓰레기더미가 아니라 기름진 토양이었습니다.

그 기름진 토양은 바로 농지개혁이 성공한 사회경제적 기초를 말하는 것입니다. 라틴 아메리카 여러 나라들이나, 필리핀 등과 우리나라의 차이를 젊은 시절의 우리는 잘 몰랐습니다. 한국도 그런 나라들 중의 하나로 생각했습니다. 하지만 한국은 식민지 종속국에서 해방된 평범한 후진국이 아니었습니다. 유라시아 구대륙의 끝에 붙어있지만 신대륙과도 같은 나라였습니다.

저는 노인이 되어서야 깨닫습니다. 초등학교 시절부터 친한 친구들도, 중고등학교 시절의 친구들도 그의 아버지가 누군지 잘 모르고 묻지도 않았다는 사실입니다. 아마 조선 시대에 태어났더라면 친구를 사귀면서 그의 아버지는 물론이고, 조부, 증조부, 외조부까지 알지 않을 수 없었을 겁니다. 우리는 참으로 좋은 나라에 태어난 것입니다.

**5·18은 민주화운동의 꽃이다!**

지난 73년 한국 민주주의의 역사에서 진정한 위기는 1972년 10월 성립한 유신체제로부터 1987년까지 15~6년 동안 지속된 군부독재로 인해 초래된 민주헌정(民主憲政)의 중단이었습니다. 당연히 이에 항의하고 민주주의를 회복하려는 운동이 일어났습니다. 그것이 우리가 잘 아는 민주화운동입니다.

그 15년의 민주화운동 한가운데, 정중앙(正中央)에 꽃처럼 피어난 1980년 5·18 광주민주화운동이 있다는 사실은 우리 모두가 잘 압니다. 5·18은 한국 민주주의가 유아기에 겪었던 4·19혁명과 함께 앞으로 미래 한국의 민주주의에는, 대문에서부터 외적과 악귀를 막는 수호신이 되었다고 말할 수 있습니다.

저는 하필 1973년에 대학에 입학하였습니다. 나이 스무 살부터 서른네 살까지 15년 동안, 인생에서 가장 중요한 시기를 민주화운동에 바쳤습니다. 이 시기에 저는 세 번의 감옥살이를 경험하였지만, 가장 중요한 경험은 부마항쟁이었습니다.

부모님이야 걱정을 많이 했지만, 젊은 저는 대단한 일을 한다는 자부심에 즐거운 나날이었습니다. 되돌아보면 유치한 생각과 행동에 스스로 부끄러움도 느끼지만, 좋은 친구들과 재미있는 추억도 많고, 그저 감사할 따름입니다.

1979년 10월 16일, 17일 부산에서, 그리고 10월 18일, 19일 마산에서 시민이 들고 일어났습니다. 출소한지 얼마 되지 않는 저는 마산 본가에서 낡은 지붕을 수리하느라고 운동복 차림으로 일하고 있다가 동네 사람이 "시내에 난리가 났다"고 하는 말을 듣고 마산 중심가 창동 거리로 달려 나갔습니다.

그 날 밤 저는 평생 잊을 수 없는 광경을 보았습니다. 파출소 유리창이 박살나더니 곧 파출소가 불타기 시작하였습니다. 어디서 구했는지 몽둥이를 들고 파출소 유리창을 깨부수는 청년들은 저보다 한참 어린 10대 소년들이었습니다. 저는 구경꾼에 불과했습니다.

부산에서 1000명 마산에서 500명 쯤 잡혀 들어갔는데요, 분류를 해서 결국 군법회의에 각각 50명 정도를 넘긴 것 같습니다. 거기에는 방화범으로 지목된 10대 소년이 있었습니다. 그 사람은 나중에 저와 같은 날 부산 주례교도소에서 풀려나왔습니다.

그 날 마산 오는 버스 안에서 그 친구는 저에게 "형님, 형님, 저 사실은 파출소에 불을 질렀소! 오토바이 기름을 빼가지고 끼얹고 불을 지르니까 확 붙던데요!"라고 말하는 것입니다. 그래서 저가 물었습니다. "불을 지르니까 기분이 어떻던가?" 그 사람이 말했습니다. "기분이 아주 좋았습니다." 시종 오리발을 내던 그 친구는, 풀려나오자마자 저에게 그 말을 하고 싶었던 모양입니다.

그런데 구경꾼인 저가 부마항쟁의 주역이라고 관련자 1호 증서도 보내주고, 기념일이 되면 기자가 전화합니다. 구경꾼더러 주역이라고 해서 저는 번번이 아니라고 대답합니다.

사실 왜곡은 항쟁의 다음날부터 시작되었습니다. 경찰은 저를 부산의 어느 주택가에 자리 잡은 보안대 합동수사본부로 데리고 가더니 저와 비슷한 학생들을 더 잡아들여서 남민전(南民戰, 남조선민족해방전선)이라는 지하 단체의 기획과 지령으로 부마항쟁이 일어났다는 가설을 입증하기 위해 일주일 동안 강도 높은 수사를 했습니다. 그 수사는 10월 26일에 갑자기 중단되었습니다.

그 때부터 진실은 왜곡되기 시작하더니 이제 당시의 지식인, 학생들이 기념사업회를 구성하고 부마항쟁의 이야기를 그들의 생각과 행동을 중심으로 재구성하고, 기록하고 있습니다. 저는 간혹 제가 보았던 부마항쟁의 실제 주역, 시민들에 대해 이야기하지만, 그럴수록 저는 그들에게 불편한 사람입니다.

20년 전, 저가 마산에 살 때, 부마항쟁기념사업회 회장을 맡았던 적이 있습니다. 그 때 윤한봉 선배를 모셔다가 마산항에서 밀항선을 타고 미국으로 망명한 이야기를 들을 수 있었습니다. 여러 가지 재미있는 이야기가 많았지만, 그 분이 5·18 단체들에 대하여 못마땅해 하는 이야기도 들었습니다.

그 분이 남긴 글에 이런 대목이 있습니다.

"운동의 탈을 쓰고 5월을 팔고 조국과 민족을 파는 일부 위선자들이 재단 설립 과정에서 자신들의 주도권과 영향력과 명예와 권위가 훼손되었다고 판단되자마자 대뜸 그런 중상(中傷)을 시작한 것이다... 나는 환멸을 느껴 5·18 기념 행사장에는 귀국 후 한 번도 나가지 않았다. 도청 앞에도 망월동에도 행사 때는 가지 않았다. 또 중상을 한 모 운동 세력들이 설쳐대는 행사장에도 아예 가지 않았다."

마산에서 저도 이렇게 격렬한 감정은 아니라도 씁쓸한 감정을 느낀 적이 많습니다. 기념사업의 주도권을 두고 정치성향이 다른 사람들끼리 싸우기를 반복합니다. 하지만 그들은 부마항쟁의 진정한 주역은 아니었습니다. 부마항쟁이 이러한데 5·18 광주민주화운동이야 이루 말할 수가 있겠습니까?

저는 이렇게 생각합니다. 오늘 이 자리에서 감히 털어놓기는 하지만, 지금까지 그저 제 속마음으로 갖고 있던 생각입니다. 아마 누군가로부터 욕을 먹을지 모르겠습니다.

"386세대는 5·18의 아이들이다. 그래서 386세대는 5·18을 모른다. 3·1운동의 아이들이 3·1운동을 아는가? 3·1운동의 아이들은 3·1운동을 모른다. 3·1운동의 시위대가 미국 영사관, 프랑스 영사관으로 간 이유를 아는가? 3·1운동이 지향하는 자유와 민주주의의 독립국을 버리고 전체주의 소련을 이상향으로 받아들인 것이 3·1운동의 아이들이고, 이들이 중년이 되었을 때 해방이 되고, 그들의 힘이 자칫 나라를 엉뚱한 방향으로 끌고 갈 뻔 하지 않았던가?"

저는 이렇게 묻고 싶습니다. 5·18이 지키고자 한 것은 민주주의인데 거기에 (반미·반일) 민족주의가 왜 나옵니까? 미국 항공모함 이야기는 왜 합니까? 미국을 끌어들이려는 억지 논리가 아닙니까?

이제 제 말씀을 끝맺고자 합니다.

친중·종북 민족주의자들이 아무리 머릿수가 많아도 그들은 5·18 광주민주화운동 이후에 나타난 세력이며, 그들은 5·18과 관련이 없습니다. 5·18을 원래의 주인인 시민에게 돌려주어야 합니다. 그 주인들이 피로서 지키고자 했던 것, 민주주의 이외에 엉뚱한 이야기들을 함부로 뒤섞지 말아야 합니다.

지금까지 저의 두서없는 말씀을 경청해주셔서 감사합니다. 제 말씀을 요약하고 약간의 보충을 곁들이면 다음과 같습니다.

1. 한국 민주주의는 1972년부터 1987년까지 15년 동안 헌정이 중단되는 기간이 있었지만, 이 진통을 잘 극복하고, 발전하여 지금도 잘 작동하고 있습니다. 특히 1987년 이후 두 번씩이나 평화적 정권 교체가 이루어졌다는 사실은 대단한 성취라고 생각합니다.

2. 그런 점에서 이탈리아나 일본보다 나은 점이 있습니다. 일반 국민, 시민의 시각에서 바라보면 정치인 머슴들이 충성을 다하고 있습니다. 십년 정도 부려먹고 가차 없이 해고를 하니 충성 경쟁을 하고 있는 것입니다.

3. 한국 민주주의가 이렇게 잘 작동하는 가장 근원에는 사회경제적 인프라가 잘 갖추어져 있기 때문입니다. 농지개혁으로 평등지수가 높은 나라가 되었기 때문에 구대륙의 역사가 오래 된 다른 나라에서는 볼 수 없는 민주주의 선진국이 되었습니다.

4. 한국 민주주의의 약점은 민주주의 자체가 작동하지 않는데 있는 것이 아니라 철인정치적 요소라고 볼 수 있는 정당이 발달하지 않은 데 있고, 공화주의나 자유주의, 공과 사의 구분 등이 아직 민주주의에 접목을 잘 하고 있지 못한 데 있습니다.

5. 민주주의는 democracy의 오역입니다. 민주주의를 민주정(民主政)으로 보아야 비로소 현실 속에 존재하고, 살아 움직이는 역사적 존재로서 한국 민주정이 보입니다. 우리 조상들이 오래 설계하고, UN이 만든 나라, Republic of Korea(직역하면 고려공화국)이 바로 한국 민주정입니다. 그리고 구체적으로 살아있는 현실적 존재로서 한국 민주정의 역사를 말하는 것이 가능합니다.

6. 그래야만 1948년 5·10총선의 의미가 되살아납니다. 1948년 건국된 대한민국이야말로 유엔이 2차 대전 이후 새로운 세계 질서를 만들고자 할 때의 이상(理想) 그대로 만들어진 진보적 민주주의 나라라는 사실을 알게 됩니다.

7. 지난 73년의 한반도 역사는 바로 민주정과 군주정의 차이를 극적으로 보여줍니다. 자유주의 민주정이 시끄러운 것 같고 불안정한 것 같지만, 발전하고, 전체주의 군주정은 일사불란하게 움직이는 것 같지만 조만간 그 역동성이 사라지고 모두가 수동적인 사회가 된다는 것을 보여줍니다. 한반도는 세계사의 실험장이었습니다.

8. 법치가 얼마나 중요한 지, 삼권분립이 얼마나 중요한 것인지, 언론 자유가 얼마나 중요한 지, 선출직 공직에 대하여 임기가 규정되어 있다는 사실이 얼마나 중요한 지 남북한을 비교하면서 새삼 깨닫게 됩니다.

9. 민주주의를 몽환 속의 꿈이 아니라 현실로 보면, 독립협회가 만민공동회를 열어서 백정 박성춘도 연설을 하고 열아홉 소년 안창호도 연설을 하고 그 연설을 통해서 새로운 지도자로 떠오른 일의 큰 의미가 되살아납니다.

10. 김홍집이 가지고 온 조선책략을 다시 읽고, 언더우드와 아펜젤러와 헐버트, 애비슨과 게일 등의 선교사들과 이상재와 유길준과 서재필, 그리고 그 아우들 이승만과 주시경, 이동휘, 안창호 등이 확립한 독립운동의 기본노선, 친미노선을 상기할 필요가 있습니다.

11. 세계 최대의 나라 중국 바로 옆에 위치하는 지정학적 숙명으로 말미암아 우리는 독립된 민주정의 나라인가, 번속국 군주정의 나라인가를 선택하지 않을 수 없다는 냉정한 인식이 있어야 합니다. 모든 시민이 군인이라는 아테네도 상기하고, 전국토를 요새화한 스위스도 본받아야 합니다.

12. 흔히 생각하는 것과 달리 민주화운동을 한 사람들이 민주주의를 잘 모릅니다. 설사 민주주의가 무엇인지를 머리로 알지라도 몸으로 실천하기는 어렵습니다. 민주화운동을 했다는 자부심이 다른 사람의 의견을 존중하지 않는 독선을 키웠습니다.

13. 그 중에서 특히 '전향할 기회를 놓친 주사파'는 한국 민주주의의 발전을 위해 재교육 대상입니다. 이들은 민주주의는 하늘나라로 보내버리고, 판타스틱한 민족주의 정서에 빠져들어 민주공화국의 안정을 해치고 있습니다. 그들은 어린 학생들을 가르칠 것이 아니라 그들로부터 교육을 받아야 하는 사람들입니다.

14. 수천 만 인류의 희생으로 전체주의 파시즘과의 투쟁에서 승리한 2차 세계

대전 이후 새로운 세계를 만들고자 세운 UN을 주도한 것은 루스벨트-트루먼의 미국 민주당과 애틀리의 영국 노동당 정부였습니다. 한국 전쟁이 발발했을 때 3일 만에 군대를 보내서 대한민국을 구해준 것도 그들이었습니다.

15. 그들 영미의 진보와 맥을 같이 했던 조봉암의 길을 되살려, 한국적 보수와 짝을 이룰 때 비로소 한국 민주주의는 한 단계 더 발전할 수 있을 것입니다. 한국 보수도 영미 진보를 인정하고 공존할 자세를 가질 때 비로소 선진국 보수가 될 수 있습니다.

16. 5·18은 4·19와 함께 한국 민주주의의 안전장치, 대문의 수문장과 같습니다. 하지만 5·18을, 그 상징 자산을 엉뚱한 자들이 독점하고 있는 이상 5·18은 한국 민주주의의 발전에 걸림돌이 될 수도 있습니다. '주사파, 친북 민족주의자의 5·18'을 '시민의 5·18'로 되돌려 놓을 필요가 있습니다.

다시 한 번 감사를 드립니다.

조봉암이 참여하여 만들어진 대한민국 제헌헌법과 또 그 조항들을 실현한 대한민국의 실정(實情)을 보시면, 「8월 테제」의 요구가 거의 실현되었음을 볼 수 있습니다. 그래서 저는 「8월 테제」를 배반한 것은 조봉암이 아니라 박헌영이라고 생각합니다.

# 「8월 테제」를 배반한 것은 조봉암이 아니라 박헌영이다!

― 진보당 사건의 역사적 재평가 ―

일시 : 2021년 5월 28일
경북대 아시아연구소·한국구술사학회 공동주최 춘계학술대회

# 「8월 테제」를 배반한 것은 조봉암이 아니라 박헌영이다!

> 2021년 5월 28일
> 경북대 아시아연구소·한국구술사학회 공동주최 춘계학술대회

먼저 여러 가지로 어려운 여건 속에서 이런 자리를 만든 경북대 아시아연구소와 한국구술사학회에 거듭 감사를 드립니다. 김용기, 곽정근, 이모세 3대에 걸친 회장님들을 모시고 죽산기념사업회에 참여한 입장에서 감회가 새롭습니다. 한 분 한 분, 1950년대의 기억을 가진 어른들이 돌아가시고, 이제 몇 분 남지 않은 오늘, 이제라도 소중한 구술을 받아서 역사의 퍼즐을 맞출 수 있기를 바랍니다.

진보당 사건은 지금까지 여러 가지 이유로 잘 다루어지지 않았던 사건입니다. 어떤 의미에서는 잊혀진 사건입니다. 그것은 그를 '사법살인'한 자유당이나 이를 방조한 당시 민주당이 지금의 여야 양대 정당의 뿌리로 받아들여지는 사정과 무관하지 않을 것입니다. 누구나 자기들의 조상의 부끄러운 행동이 상기되는 것을 바라지 않습니다. 그러니 애써 무관심해 온 것이 아닐까요?

혹시 화제에 오르더라도 현재의 정치적 입장에 따라 그 평가가 너무 크

게 차이가 나는 사건이기도 합니다. 물론 다른 역사적 사건도 그런 경우가 많지만, 이 사건의 경우에는 그 편차가 매우 큽니다. 그리고 사람들이 믿고 있는 사실이 매우 달라서 인식을 공유하고 토론할 수 있는 공동의 기반조차 찾을 수 없습니다. 그런 의미에서 진보당 사건은 아직도 끝나지 않은 미제(未濟)의 사건입니다. 그래서 학자들이 다루기 어려운 일인지도 모르겠습니다.

그나마 2011년 1월 20일 대법원의 재심 판결이 중요한 하나의 준거를 제시하였습니다. 특히 이승만을 옹호하는 입장에 선 분들, 유영익과 같은 권위 있는 이승만 연구자들도 조봉암을 죽인 것은 이승만의 말년의 실정(失政) 중에 하나로 인정하고 있음을 상기한다면 이제 진보당 사건은 재평가될 수 있는 시기에 왔는지도 모릅니다. 오늘 이 자리에 참여한 학자 여러분의 노력과 관심이 지속되어 큰 학문적 성취가 있기를 바랍니다.

혹시 냉정한 객관성을 추구하는 학자 여러분이 듣기에 사뭇 다른 분위기의 말이라도 양해를 해주신다면 몇 마디 저의 생각을 말씀드리고자 합니다. 젊은 시절 소련 공산당과 코민테른의 지원을 받으면서 전개한 독립운동과 해방 후 전향하고 대한민국 건국에 참여한 죽산의 전 인생행로에 대하여, 그 굴곡진 전 과정에 저는 모두 깊이 공감하는 입장에 서있기 때문에 편향이 있을 지도 모릅니다. 이를 감안하고 들어주시기 바랍니다.

제일 먼저, 조봉암의 '전향'의 의미를 먼저 세계사적 맥락에서 파악하는 것이 필요하다고 말씀을 드리고 싶습니다. 그것은 스탈린주의로부터 영미(英美)의 진보, 영국 노동당의 페이비안 사회주의와 미국 민주당의 진보주의 노선으로의 전환이라고 보아야 합니다. 그래야만 전향 이후, 진보당 사건에 이르는 전 과정을 이해할 수 있다고 저는 생각합니다.

　박헌영의 「8월 테제」를 읽어보면, 일제 식민지 조선의 청년들이 왜 그토록 많이 공산당에 입당하거나 공산주의에 동조했는지 그 이유의 하나를 알 수 있습니다. 여러분도 잘 아시다시피 「8월 테제」의 내용은 이영, 최익한 등 장안파의 1단계 혁명론을 비판하면서 2단계 혁명론을 설파하는 데 집중되어 있습니다. 지금(1945년) 조선의 현실은 바로 사회주의혁명을 시도할 때가 아니라 부르주아민주주의혁명을 할 때라는 주장입니다.

　이런 논리 정연하고 심모원려(深謀遠慮)가 있으며, 객관적인 역사 발전 단계에 따라 지식 청년들에게 무엇을 할 것인가를 제시하고, 또 항상 논의를 전개함에 주관적 의지보다는 객관적인 사회경제적 조건을 중시하고, 근로인민, 특히 소작농과 노동자의 편에서 바라볼 것을 강조하고, 대중투쟁을 역사 발전의 중심에 두고, 근로대중과 결합하는 실천을 중시하는 이론은 당대 숱한 청년들을 매료시켰습니다.

　소작료를 30%로 낮추라(나아가 농지개혁을 하자), 8시간 노동제를 실시하라, 언론 출판 집회 결사의 자유를 보장하라, 보통 교육을 실시하라, 남녀평등을 실현하자, 일제가 남기고 간 산업 시설을 국유화하자, 국가 기간산업을 국공유화하자는 등의 제안은 많은 사람들의 공감을 샀습니다.

　이런 「8월 테제」의 논의는 새삼스러운 것이 아니고, 이미 독립운동 시기에 널리 퍼져 있었고, 조선의 청년들 사이에 일반적으로 받아들여지고 있던 사상·이론입니다. 그래서 우리는 「8월 테제」를 통해서 1920년대, 30년대의 조선 청년들이 왜 그렇게 많이 친소 공산주의 노선으로 기울어졌는가를 이해할 수 있습니다. 레닌이 제공한 물질적 도움만이 아니라 그야말로 물심양면(物心兩面)의 지원이 있었던 것입니다.

그런데 흥미로운 사실은 「8월 테제」를 기준으로 놓고 보면, 해방이 되자마자 몇 달 지나지 않아서 그 필자인 박헌영을 비롯하여 조선공산당, 또는 남조선로동당의 주류가 오히려 배신자가 된다는 점입니다. 그들의 이후 행동은 「8월 테제」를 따르기 보다는, 오히려 그 약속을 헌신짝처럼 내버리고 소련과 스탈린의 지령을 따르고 있습니다.

이미 소련군이 조선으로 들어오기 전부터 냉혹한 현실 정치가 스탈린의 전략구상은 짜여 있었고, 순진한 조선 공산당 당원들이 이를 짐작할 수는 없었습니다. 하지만 온갖 미사여구와 정치적 수사들만이 조선 공산당 당원들의 귀에 들어왔을 따름입니다.

스탈린의 미사여구가 아닌 실제 행동에 대한 종합 브리핑이 1946년 5월에 조봉암에게, 그리고 몇 달 후에 신익희에게 미국 정보기관에 의해 제공되었다는 것이 저의 가설입니다. 1946년 5월, 분명하지 않은 빌미로 조봉암을 잡아들여서 일주일 동안이나 조사, 대화하면서 나눈 이야기들은 무엇이었을까요? 바로 북한에서 이루어진 일들이, 2월에 이미 북한에 김일성 정권이 수립되었다는 사실이 그 핵심을 차지하고 있었을 것으로 저는 추리합니다.

미국 정보기관은 조봉암에게 소련이 북한에 들어와서 전광석화(電光石火)처럼 곧장 밀어붙인 정책들, 그 배경과 세계사적 맥락을 전면적으로 설명하였을 것이고, 이들 고급 정보를 전달 받은 조봉암은 깊은 사색 끝에 그 사상의 감옥으로부터 탈출 또는 '전향'을 결심하였다고 봅니다. 그것은 흡사 우크라이나의 대기근과 스탈린의 숙청의 소식을 전해 듣고 조지 오웰이 소설 「동물농장」을 쓰기로 결심한 과정과 비슷하지 않을까요?

박헌영이 이끄는 조선 공산당이 「8월 테제」에 충실했던 것은 인민공화국의 각원(閣員)의 명단을 발표한 그 날까지라고 말할 수 있을지도 모릅니다. 인민공화국 구성안을 보십시오. 바로 지금은 부르주아민주주의혁명 단계라는 이론에 충실한 정부 구성이 아닙니까? 물론 미군정이 이를 부인하지만 그렇다고 소련이 이를 존중한 것도 아닙니다.

소련은 이미 모든 각본을 짜고 김일성을 투입하여 곧장 북한에다 친소 정권을 세우는 작업을 시작하였습니다. 1945년 9월에 원산으로 들어온 김일성이 권력을 쥔 것은 1946년 2월이니 몇 달 걸렸습니까? 5개월도 걸리지 않았고, 당시 만 34살의 김일성 이름을 딴 김일성종합대학이 문을 연 것은 1946년 10월 1일입니다.

이렇게 밀어붙이는 소련의 지시에 충실하자면 박헌영은 바로 자신이 쓴 「8월 테제」를 잊어버려야만 했습니다. 그런데 나중에 조봉암이 참여하여 만들어진 대한민국 제헌헌법과 또 그 조항들을 실현한 대한민국의 실정(實情)을 보시면, 「8월 테제」의 요구가 거의 실현되었음을 볼 수 있습니다. 그래서 저는 「8월 테제」를 배반한 것은 조봉암이 아니라 박헌영이라고 생각합니다.

1946년 6월에 이른바 전향을 하고 난 후의 조봉암의 행적과 태도를 보십시오. 그의 어떤 모습에서 배신자의 비겁함과 좌고우면(左顧右眄) 같은 것을 찾을 수 있습니까? 그는 당당하게 소련으로부터 독립적인 좌파의 길을 개척하고자 노력했습니다. 아마 미군정 당국은 그에게 미국의 점령 정책을 거듭 설명하였을 것입니다. 미국은 일본을 점령하고 이탈리아를 점령하여 공산당과 사회당의 합법적이고 자유로운 활동을 보장하고 있다고, 그것이 미국식 자유민주주의라고 설명하였을 것입니다.

하지가 소련의 지령대로 움직이지 않는 좌익 정당을 만들어보지 않겠는가를 물었을 때, 조봉암은 그러면 자금을 지원하라고 요구하였습니다. 하지와 만난 조봉암이 신문 창간 등에 자금 지원을 요청한 이야기가 있습니다. 물론 공산당의 비주류를 모으려는, 소련에 독립적인 좌파 정당을 만들려는 조봉암의 노력은 끝내 성공하지 못하지만, 그래도 미군정이 후원을 해주었기 때문에 외롭고 가난한 그가 활동을 계속할 수 있었습니다.

몇 달 후에는 신익희도 한독당을 탈당하여 독자적인 활동을 개시합니다. 신익희 역시 미군정이 후원을 하였습니다. 우리는 신익희와 조봉암의 경우에는 미군정이 계속 도와주었다고 봅니다. 당시 미군정과 미국무부나 정보기관의 한국 정책 파트에는 '루스벨트의 아이들'이라고 불리는 진보적인 청년들이 속해 있었습니다. 그들의 눈에 조봉암이 배신자로 보이지 않았음은 물론입니다.

또 유엔 한국임시위원단에는 공산당이나 나치 전체주의자들의 박해를 피해서 미국으로 망명한 유럽인들, 사회민주주의자들이 포함되어 있었습니다. 수천만 인류의 희생이라는 대가를 치르고 파시즘, 나치즘, 군국주의와의 전쟁에서 승리하고, 이제 새로운 세계를 만들고자 하는 불타는 이상(理想)을 가진 청년들이 한국에서 만난 조봉암과 대화를 하였습니다.

그들 중에는 법률 전문가도 있었고, 그들의 시각으로 5·10 총선을 위한 선거법과 제헌헌법을 비판한 것이 아닐까요? 조봉암의 연설에는 왠지 그들과 나눈 대화가 느껴집니다. 그들 이상주의자들은 조봉암에 매력을 느끼고 그를 지원하여 소련으로부터 독립적인 진보 정치 세력을 키우고자 하였습니다. 제헌국회에서 결국 서면으로 제출된 조봉암의 첫 토론 같은 경우에는, 어떤 국제적인 배후가 느껴지지 않습니까? 유엔 한국임시위원단이나 미군정의 법률고문들의 도움이 없었을까요?

생사를 넘나드는 한국전쟁을 거치면서, 영미(英美)의 진보 인사들과 조봉암은 더욱 가까워지고 전우(戰友)가 되었다고 봅니다. 6·25 전쟁이 터졌을 때 3일 만에 군대를 파견하고, 유엔 안전보장이사회를 열고 유엔군의 깃발 아래 16개 나라 군대를 파병하여 대한민국을 구한 것은 미국의 트루먼 민주당 정부였고, 이에 협력한 것은 영국의 애틀리 노동당 정부였습니다. 그런 만큼 전쟁 중에 한국에는 영미의 진보 인사들이 많이 들어왔다고 봅니다.

1954년 전쟁이 끝난 직후에 쓰신 「우리의 당면 과업」을 읽어보면 죽산은 영국노동당 이야기를 거듭 하고 있습니다. 그의 마음속에 어떤 꿈이 있는지, 어떤 그림을 그리고 있는지 알 수 있습니다. 그는 한국에도 영국노동당 같은 근로대중에 기반한 진보정당을 만들고 싶었던 것입니다. 그래야 민주주의를 튼튼히 할 수 있고, 반공(反共)·승공(勝共)할 수 있다고 거듭 이야기합니다.

두 번째로 저는 1950년대의 정세와 분위기에 대하여 여러 가지로 살펴보면서 진보당 사건을 보아야 한다고 말씀드리고 싶습니다. 전쟁이 끝난 후의 1950년대 중반은 아직 '정전협정 이후에 정치 회담으로 한반도 문제를 해결하자'는 제네바 회담에 대한 기대가 살아 있는 시기였습니다. 그래서 신익희가 뉴델리에서 북한에서 온 조소앙을 만났다는 설(說)로 시끄러운 일도 있었고, 조봉암은 저서 「우리의 당면 과업」에서 제네바 회담에 대한 큰 기대감을 나타내기도 하였습니다.

저는 조봉암의 평화통일론을 돌출적인 것이라 보지 않습니다. 그것은 이승만의 북진통일론을 견제하는 국제적인 흐름의 하나가 아니었나 싶습니다. 휴전 만 한 채로 전쟁이 종결되지 않은 불안정한 한반도에서 혹시 이승만의 고집으로 무슨 일이 일어날지 모른다는, 다시 전쟁이 터지는 것을 걱정하는 국제적인 흐름이 있었다고 봅니다, 그래서 조봉암의 평화통일론도 그 흐름과 맥이 닿아 있었던 것이 아닌가 싶습니다.

그런데 남한의 정치 정세는 요동치고 있었습니다. 1956년 대통령 선거의 과정과 결과가 보여주듯 이승만 대통령의 권위, 가장 대표적인 독립운동가와 건국대통령으로서 그가 누렸던 권위가 많이 추락하였습니다. 이미 국민들은 그가 그만두기를 바란 것입니다. 그런데 그를 대체할만한 보수 인사는 신익희 뿐인데 그마저 유세 중에 사망하자 조봉암의 대중적 인기는 여·야당 모두에게 위협이 되었습니다.

사실 문제는 단일 야당운동에 그를 배제한 데서 발생하였습니다. 인촌 김성수나 서상일 등의 주장대로 "지팡이를 짚고서라도 함께 하겠다"는 죽산을 단일 야당운동에 받아들였더라면 그가 독자 출마하는 일도 없었을 것입니다. 대신에 야당 민주당이 영국노동당이나 미국 민주당에 보다 가까운 진보정당이 될 수 있는 기회가 있었을지도 모르고, 빈농과 노동자의 지지를 받는 정책을 추구하는 야당이 되었을 지도 모릅니다.

 한민당 사람들, 지주들, 일제 시대 관료 출신들의 시야가 너무 좁았고, 그들의 콤플렉스가 심했고, 대중적으로 인기 있는 조봉암을 너무 두려워했습니다. 결국 모든 불행은 거기서 시작되어, 조봉암도 죽고, 아부꾼 이기붕은 3·15 부정 선거로 일가족이 자살하고, 이승만은 팔십 평생의 명예가 땅에 떨어지고 말았습니다.

 그리고 1950년 대 후반 한국은 아직 독립국이라고 하기에는 부끄러울 정도로 너무 재정적으로나 군사적으로나 미국에 의존하고 있었습니다. 국가 예산의 절반 이상을 미국의 원조로 채우고 있었습니다. 그런 사정도 깊이 고려해야 할 것입니다.

 그래서 미국은 한국 정치에도 깊숙이 개입하고 있었고, 장면이나 (서거하기 전의) 신익희나 조봉암 등이 모두 미국이 후원하는 이승만의 대안들이었던 것으로 보입니다. 조봉암에게 영어를 가르친다는 명분으로 미군 장교가 한 사람 배정되었다고 하는 이야기를 들었는데, 아마 당시의 치안도 불안한 가운데 경호원 겸 정보원이 아니었을까 싶습니다.

 그래서 조봉암과 진보당에 관련된 모든 일도 미국이 파악하고 있었다고 보아야 합니다. 역설적으로 이승만이나 이기붕의 입장에서 신경이 쓰이는 부분도 바로 조봉암과 미국의 어떤 대한(對韓) 정책 라인과의 이렇게 밀착된 관계가 아니었을까요? 그래서 저는 실로 발굴이 필요한 부분은 미국 대사관, 미국 국무부, 미국 정보기관의 문서라고 봅니다. 앞으로 학자 여러분의 연구에 기대를 겁니다.

마지막, 세 번째로 말씀드리고 싶은 것은 조봉암과 북한의 관계에 대한 저의 생각입니다. 북한은 기본적으로 남한에서 있었던 모든 반정부 운동, 민주화운동 등을 모두 김일성 주석의 교시(敎示)를 받고, 지원을 받아서 일어난 것이라고 말합니다. 지난 주 저는 광주에 가서 5·18 기념 강연을 하고 왔습니다. 그런데 어이없게도 5·18 광주민주화운동에 북한 군대가 파견되어 왔고, 북한 간첩이 기획하여 그런 일이 벌어진 것이라고 주장하거나 믿는 사람들이 보수진영에는 많다는 이야기를 들었습니다.

그런데 그런 주장의 근거는 아이러니하게도 북한의 공식 문서라는 것입니다. 북한의 교과서 등에 '5·18 광주민주화운동은 김일성 주석의 교시에 따라 남조선 인민이 떨쳐 일어난 반미 자주화 투쟁'이라고 기술하고 있다고 합니다. 그런데 남한의 극우파 일각에서 이를 근거로 하여 5·18에 북한 간첩과 군대가 왔다고 주장하니 어이가 없습니다.

꼭 같은 일이 조봉암과 진보당 사건에도 일어나고 있습니다. 김진태 의원이 대중 강연에서 대법원 재심 판결은 다만 수사 과정에서 절차적인 문제가 있었기 때문에 이를 인정한 것이고, 북한의 자금 지원은 사실이고, 북한이 조봉암과 진보당을 지원하였으며, 고로 1959년의 진보당 재판은 실제로 틀리지 않았다고 주장하였습니다. 그런데 책 한 권을 들고 나와서 흔들면서 이야기를 하는데 그 책은 북한에서 출간된 책이었습니다.

주지하다시피 4·19 혁명 이후 북한은 연방제 통일방안을 들고 나왔습니다. 1980년에는 이를 구체화하여 '고려민주연방공화국'을 만들자고 국호(國號)까지 제안하여 이를 지금까지 고수하고 있습니다. 그런데 연방제 통일이라고 하더라도 어느 쪽이, 누가 주도권을 가지는가는 중요합니다.

좁은 한반도에 불안정하게 두 개의 나라가 있는 이런 정황 속에서 "통일의 주도권을 우리(북한)가 가지고 있다"고 주장하는 것은 김일성에게 대외적으로, 외교적으로 중요하다고 봅니다. 그래서 소련이나 중국 등 자신들의 우방국에게도 이를 설명하는 것이 당연한데, 연방제 통일을 우리가 주도할 수 있다고 주장하기 위해서는 "남한에 우리 편이 있다, 우리가 맘대로 움직일 수 있는 세력이 있다"는 전제가 필요합니다.

그래서 북한은 1960년대 통일혁명당을 비롯하여 계속 남한에 친북 세력을 키우기 위해 노력했고, 또 과거에 남한에 있었던 운동이나 세력을 모두 자신들 편으로, 자신들이 조종할 수 있는 세력으로 선전해온 것입니다. 이승만 정권 하에서 법살 당한 조봉암이야말로 거기에 딱 맞는 것 아닙니까? 그래서 한국전쟁 당시에 인민군이 서울에 입성하자마자 "변절자 조봉암을 죽이라!"고 벽보를 써 붙였던 북한이 평양의 애국열사릉인가 어딘가에 조봉암의 가묘를 만들어놓은 것입니다.

그러므로 김일성의 일방적 주장을 사실로 받아들이는 것은 학자와 지성인의 태도가 아니라고 저는 생각합니다. 학문의 방법론에 엄격한 학자 여러분을 믿습니다. 간혹 황색 저널리즘이 여러분을 유혹하더라도 학자의 양심으로 대처해주시기를 바랍니다.

두서없는 이야기를 경청해주셔서 감사합니다. 오늘의 학술 대회에서 많은 성과가 있기를 바랍니다. 그리고 전현수 교수님을 비롯하여, 이 자리를 만들기까지 수고하신 모든 분들에게 거듭 감사를 드립니다.

# 대한민국 건국과 호남

- 인촌 김성수 선생 탄신 130주년 기념 강연 -

일시 : 2021년 10월 11일
장소 : 광주 김대중컨벤션센터 301호
주최 : 인촌사랑방

# 대한민국 건국과 호남

| 2021년 10월 11일
| 광주 김대중컨벤션센터 301호

영광입니다. 이렇게 뜻깊은 자리에서, 존경하는 이영일 의원님을 비롯한 여러 어른들과 오수열 교수님을 비롯한 석학들 앞에서 감히 자랑스런 우리나라의 역사를 말씀드리게 되어 제 일생 일대의 영광으로 생각합니다.

오늘의 주제는 대한민국 건국과 호남입니다. 결론부터 말씀드리면 대한민국 건국은 호남이 주도하였습니다. 미군정 시기 집권 여당이 한민당, 즉 한국민주당이었습니다. 한민당은 호남을 뿌리로 한 정당입니다. 그래서 자연스럽게 대한민국 건국은 호남이 주도할 수밖에 없었습니다.

미군정 3년 동안 장관, 기관장을 맡았던 한국 사람들은 거의 한민당 사람들이었습니다. 그래서 한민당은 그 혼란한 시대에, 그 어려운 여건 속에서 결국에는 대한민국을 탄생시키는 산파(産婆)로서 역할을 다하였습니다. 그리고 바로 오늘 탄신 130주년을 맞이하신 인촌 김성수 선생이 한민당의 지도자였습니다.

건국 당시에는 초대 대통령 이승만, 초대 국무총리 김성수, 이런 짝으로 정부가 구성되는 것을 누구나 당연하게 생각하였습니다. 그것이 대통령제와 내각제가 가미된 제헌헌법의 정신이기도 하였습니다. 이런 만인의 예상을 깬 데서부터 이승만의 독재는 시작되고, 아슬아슬한 곡예 같은 한국 정치사의 드라마가 시작되었습니다.

그런데 이 모든 일들이 우리의 기억에서 사라졌습니다. 역사에서 지워졌습니다. 참으로 이상한 일이 아닐 수 없습니다. 조선의 설계도를 그린 정도전은 조선이 망하기 직전까지 500년 동안 역적으로 남겨두고서, 조선의 건국을 반대하다 죽은 정몽주를 그렇게 높이 받들었던 조선 선비들의 정신분열증을 지금 우리가 앓고 있는 것 같습니다.

어려운 살림에 남의 집 머슴도 살고, 이웃들에게 도움도 받고, 새벽부터 밤늦도록 손발이 닳도록 일해서, 먹이고 입혀 키워놓았더니 가난한 지애비가 부끄럽다고, 환부역조(換父易祖), 아버지와 할아버지를 바꾸어서 남의 아버지, 남의 할아버지 제사를 지내고 있는 꼴입니다.

저가 생각하기에 대한민국의 탄생을 자랑스럽게 생각하지 않는 이상한 풍조(風潮)가 건국의 이야기도 잊혀지도록 만든 것이 아닌가 싶습니다. 그래서 저는 먼저 대한민국의 건국이 자랑스럽다, 대한민국은 처음부터 위대한 나라로 건국되었다는 사실을 말씀드리고자 합니다.

**자랑스런 나라**

지난 7월 유엔무역개발회의(UNCTAD)가 우리나라를 선진국으로 분류를 바꾸었습니다. 실은 후진국에 주는 혜택을 받으려고 우리가 뭉개고 있었지만, 후진국 벗어난 지는 오래 되었습니다. 작년 기준 세계 10위의 경제 대국입니다.

우리나라가 유럽의 강국들, 영국과 프랑스, 독일과 어깨를 나란히 한다는 사실, 만약 서재필 선생이나 안창호 선생이 들으시면 믿을까요? 그런 어른들까지 가지 않더라도 저 역시 젊은 시절에는 상상조차 하지 못했습니다.

경제만 발전한 것이 아니라 민주정치도 발전하여, 인권과 언론 자유, 법치 등에서 세계 일류 나라입니다. 그러면 왜 그 많은 후진국들, 신생 독립국들 가운데 우리나라만 유일하게 이렇게 발전하였을까요? 만약 이 나라가 진정 태어나지 말았어야 할 나라이고, 정의가 패배하고, 기회주의자와 친일파가 득세한 나라였다면 이렇게 발전할 수 있었을까요?

아닙니다. 우리나라는 처음부터 잘 만들어진 나라였습니다. 나라를 세울 때 주춧돌을 잘 놓았습니다. 그래서 이렇게 발전한 것입니다. 잡석을 제거하고 밑거름을 충분히 준 밭이었기 때문에 농사가 잘 된 것입니다. 누가 그런 일을 하였습니까? 바로 UN이 하고 미군정이 하고, 그리고 우리 조상들이 하였습니다.

무엇보다 우리나라가 태어난 때, 그 시대가 좋았습니다. 그래서 저는 우리나라의 사주팔자가 좋다고 항상 말씀을 드립니다. 제2차 세계대전이 끝난 직후, 인류가 그토록 많은 희생을 치른 만큼 이제는 전쟁이 없고, 전체주의와 제국주의가 없는 새로운 세계질서를 만들자는 꿈과 이상이 전 세계 젊은이들의 마음에 흘러넘칠 때였습니다.

코리아(Korea)라는 미지의 땅에 진주한 미군의 청년 장교들 중에도 그런 이상주의자들이 많았습니다. 이른바 미국의 리버럴(liberal) 진보파들이죠. 당시에는 '루스벨트의 아이들'이라고 부르기도 했습니다.

미국 역사에서 가장 진보적인 프랭클린 루스벨트 대통령이 돌아가시면서 그 자리를 물려받은 트루먼 대통령의 행정부 역시 이상주의자들로 가득 차 있었습니다. 그들은 아시아에서도 민주주의 나라를 세우고 싶어 했습니다.

대한민국 탄생의 역사, 미군정 3년의 역사를 제대로 가르쳐야 합니다. 부끄러워서 그 역사를 다 지우고, 전부 우리 힘으로 건국한 것처럼 우리 자신을 속이고, 후손을 가르치면 안 됩니다. 서울(Seoul)이란 이름도 미군정이 결정하였습니다.

UN의 역할과 도움도 있었습니다. UN에는 파시즘과 나치즘을 피하여 미국으로 망명한 유럽 여러 나라의 자유주의자, 사회민주주의자들이 참여하였습니다. 그들이 우리나라에 UN 한국임시위원단으로 들어와서 활동하였습니다. 그 분들이 선거법을 만들고 제헌국회 구성을 위한 총선거를 감독하였습니다.

제헌국회의원 선거에는 90%를 넘는 투표율을 보여서 UN 감시단이 깜짝 놀랐습니다. 전 국민이 참여하는 제헌국회 선거를 하고, 헌법을 제정하고, 정부를 구성하고 마침내 UN이 승인을 하였습니다. 그것이 대한민국입니다. UN이 만들었기 때문에 나중에 한국전쟁이 벌어지자 바로 UN이 군대를 보낸 것입니다.

저는 대한민국은 UN의 이상에 따라 만들어진 나라라는 사실이 전혀 부끄럽지 않고, 자랑스럽습니다. UN에서 「세계인권선언」이 채택되던 때에 대한민국도 승인되었습니다. 그래서 저는 대한민국이 좋은 때에 태어났다, 사주팔자가 좋다고 말하는 것입니다.

여성에게 투표권이 주어진 것은 세계에서 결코 늦은 편이 아닙니다. 모든 국민에게 평등한 권리가 주어지는 가장 진보적인 민주주의 나라로 태어난 것입니다.

우리나라 사람들에게는, 우리가 대단하지 않게 생각하는 일본에게 식민 지배를 당한 데 대하여, 그 사실을 인정하고 싶지 않은 심리, 열등감, 그리고 우리 힘으로 일제를 몰아내고 건국하지 못했다는 콤플렉스가 심합니다. 그러나 이제는 그런 열등감에서 벗어날 때도 되었습니다.

보다 넓은 시야로 바라보면, 근대문명과 산업혁명에 뒤처진 나라와 민족이 식민 지배를 겪어야 했던 것은 우리만의 일이 아니었습니다. 특별히 부끄러워 할 일도 아닙니다. 또 제2차 세계대전으로 제국주의의 시대가 끝나면서 비로소 세계의 많은 나라와 민족들이 독립을 했습니다.

다만 우리는 제2차 세계대전에서 독일 나치즘, 이탈리아 파시즘, 일본 군국주의와의 싸움에서 목숨을 바치고 피를 흘린 전 세계 수백만 청년들에게 감사해야 할 줄로 압니다. 그들의 희생 덕에 우리는 해방되었습니다.

역사는 사실 그대로 인정하고 가르쳐야 합니다. 그래야 역사에서 교훈을 얻을 수 있습니다. 남 탓보다는 자기 탓을 해야 합니다. 바로 그것이 성숙한 세계시민, 선진국 사람이 되는 길입니다.

**농지개혁에 성공한 나라**

우리나라가 기적적으로 발전한 이유가 무엇인가요? 박정희 대통령을 비롯한 정치가들의 리더십이다, 남덕우·김재익 같은 경제 관료들의 공이 크다, 정주영과 이병철 같은 기업가들이 많았기 때문이다, 여러 가지 이야기들이 있습니다. 하지만 저는 가장 근본적인 원인은 우리 국민 모두가 열심히 일하고 열심히 공부했기 때문이라고 봅니다.

그러면 국민 모두가 이렇게 열심히 일하고 열심히 공부하게 된 이유는 무엇인가요? 바로 농지개혁에 그 해답이 있습니다. 아르헨티나가 한때 부국이었고, 브라질은 천혜의 자원을 가진 나라이고, 필리핀도 우리나라보다 잘 사는 나라였습니다. 그런데 그런 나라들의 대농장, 라티푼디움 농장주의 자식은 열심히 공부할 필요가 없습니다. 그 농장에서 일하는 농업노동자의 자식은 열심히 하고 싶어도 할 수가 없습니다.

새나라 대한민국의 주인으로서 자영농이 얼마나 열심히 일했는지, 여기 생생한 증언(證言)을 보십시오. 자녀들이 세운 어느 평범한 부부의 묘비입니다. 전남 장흥군 관산읍 성산리 길가에 있는 작은 무덤에서 제가 찍은 사진입니다.

이 비문에 따르면 1921년생 주학동은 1923년생 윤우례와 결혼하여 슬하에 5남 4녀를 두었습니다. 이 부부는 "손금이 다 닳도록 밤낮을 가리지 않고 일해서 5남을 모두 대학 교육을 시켰습니다." 9남매가 본 부모의 모습은 "당당하고 정직하고 근면 성실하게 자식을 위해서라면 뼈가 부서지고 살가죽이 갈라져도 조금도 두려워하거나 망설임 없이 모든 것을 바치는" 그런 부모였습니다. 저는 바로 이 부모와 이 자녀들이 대한민국 기적의 주역이라고 생각합니다.

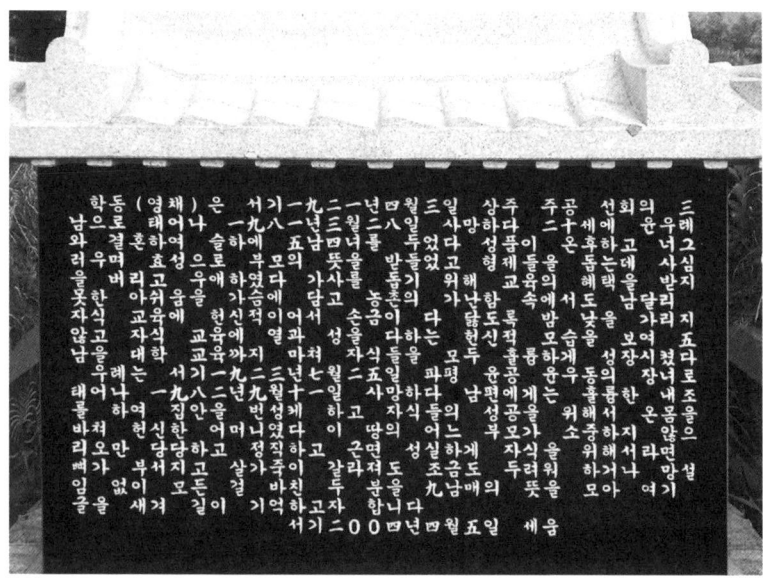

2009년에 소를 주인공으로 한 「워낭소리」라는 독립영화가 화제가 되었습니다. 관객이 300만 명이나 되었다고 합니다. 그 영화에 나오는 소의 주인 최원균(1929년생) 옹도 바로 농지개혁으로 자영농이 되어 조그만 땅뙈기에서 농사지어 9남매를 키워낸 사람인데, 경북 봉화 사람입니다. 전국 어디서나 들을 수 있는 이야기입니다. 여기 제가 그래프를 하나 복사해 왔습니다.

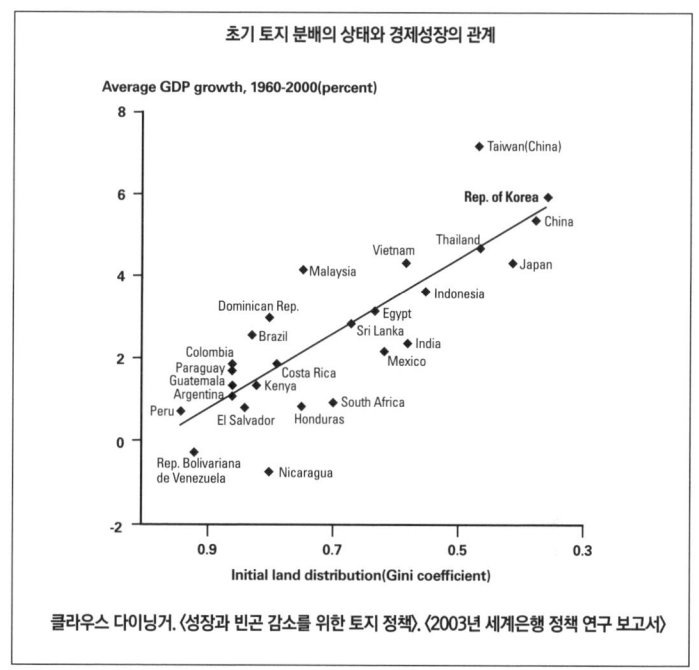

세계은행에서 학자들에게 조사를 의뢰했습니다. 학자들이 아시아와 라틴 아메리카의 26개 나라에 대하여 1960년 시점의 토지 분배의 상태와 그 후 40년 동안의 평균 경제 성장률의 관계를 조사해보았습니다. 그랬더니 이런 그림이 나오더라는 것입니다.

한국은 1960년 시점에 토지 분배가 가장 고루 되어 있는 나라였고, 그 후 40년 동안의 경제 성장률이 두 번째로 높은 나라였습니다. 아르헨티나와 베네수엘라 같은 라틴 아메리카 여러 나라들이 좌하단 구석에 있습니다.

이렇게 중요한 농지개혁을 이루는 데는 물론 여러 세력과 사람들이 힘을 모았습니다. 중국대륙의 공산화, 북한과 북베트남의 공산화가 이루어지고 있는 절박한 시점이었기 때문에 미국 국무부가 판단을 했습니다. 일본과 타이완과 남한에서 농지개혁을 하지 않으면 아시아가 다 공산당의 손에 넘어간다고 말입니다.

하지만 우리나라에서 농지개혁이 그렇게 빨리 순조롭게 이루어진 데는 우리 지도자들의 결단과 리더십이 있었습니다. 이승만 대통령은 말할 것 없고, 조봉암 초대 농림부 장관, 그리고 미군정의 집권 여당이자, 제헌국회의 제1당이라 할 한민당의 당수 김성수 선생의 결단이 있었습니다.

이승만과 김성수와 조봉암의 고뇌와 주고받는 토론과 견제와 협력이 한 편의 드라마와 같았을 것이라고 저는 생각합니다. 그 이야기를 잘 써 놓으면 얼마나 재미있고, 그리고 실제 우리의 생활과 직결되며, 교훈적이기도 한 역사가 되겠습니까? 그런데 이 이야기들은 다 잊혀졌습니다. 도대체 왜 학생들에게 이런 역사를 가르치지 않는다는 말씀입니까?

"북한에서 토지개혁은 무상몰수 무상분배로 잘 이루어졌는데, 남한에서 농지개혁은 유상몰수 유상분배로 실패했고, 그래서 지주소작 관계가 남아 있고, 남한은 여전히 식민지 반봉건 사회다"라는 허황된 생각이 「해방전후사의 인식」의 저변에 깔려 있습니다. 실패한 농지개혁이니 관심을 가질 이유가 없었던 것입니다.

**건국의 아버지들**

우리가 행복한 삶을 누리는 이 좋은 나라를 만들어주신 조상들, 건국의 아버지들에게 감사하는 것이 당연합니다. 누릴 건 다 누리면서 조상들에게 감사하지 않으면 배은망덕(背恩忘德)한 무리가 되지 않겠습니까?

우리가 감사할 분들은 실은 무척 많습니다. 우리 앞 세대 조상들 모두가 감사해야 할 분들입니다. 특히 그 중에서도 다섯 지도자를 기억해야 한다고 저는 생각합니다. 이승만(1875년생), 김성수(1891년생), 신익희(1894년생), 조봉암(1899년생), 그리고 조만식(1883년생) 선생이 그들입니다.

1948년 건국 시점에 이승만은 74세, 조만식은 66세, 김성수는 58세, 신익희는 55세, 막내 조봉암은 50세로서 가장 연세가 많은 이승만보다 24살 어린 사람이니 아들 뻘입니다.

여기서 가장 중요한 두 분은 이승만과 김성수입니다. 모든 쟁점은 이화장과 인촌 사랑방에서 조정되었습니다. 한민당 사람들이 미군정의 행정을 사실상 책임지고 있었으니, 당연히 인촌 사랑방에서 조정이 되었습니다. 그래서 가장 대중적 지지가 높았던 이승만과 조직된 전문가와 엘리트 집단을 대표하는 김성수, 이 두 분이 모든 문제를 조정하는 중심에 설 수밖에 없었습니다.

하지만 미국 사람들은, 새롭게 출발하는 한국의 민주정부가 보다 넓은 기반 위에 서야만 정통성을 가질 수 있다고 보았습니다. 그래서 임정 계에서 실력 있고 야심만만한 신익희에게 특별히 권유하고, 공산당 계의 고참 지도자이면서 비주류로 밀려나있는 조봉암에게 고급 정보를 제공하면서 설득하니, 두 분은 과거의 동지들과 결별하고 대한민국 건국에 참여하신 것입니다.

신익희와 조봉암은 물론 과거의 동지들로부터는 배신자 취급을 받았지만, 역사는 그 분들의 선택이 옳았음을 보여주고 있습니다. 우리와 손잡고 진정한 민주주의 나라를 만들어보라는 미국 사람들의 권유를 받아들인 그 분들의 결단으로 대한민국은 거의 모든 주요한 독립운동 세력이 참여한 나라가 되었던 것입니다.

신익희가 한독당 서울시당 위원장을 사퇴한 시점과 조봉암이 전향을 한 시점이 같은 1946년 6월이라는 사실은 우연이 아닙니다. 또 이승만 박사의 정읍 발언이 나온 것 역시 6월이라는 사실도 우연이 아닙니다. 단독정부 수립의 불가피성을 언급한 연설을 이승만 박사가 정읍에서 한 것도 우연이 아닐 겁니다.

순회 강연하는 여러 도시 중에서 정읍에서 가장 많은 인파가 몰렸다는 이야기도 있습니다. 정읍에는 나중에 제헌 국회의원으로 당선되신 백봉 라용균 선생 - 역시 한민당의 주요 멤버이고, 라종일 전 우석대 총장의 부친이시죠 - 같은 지도자도 있었지만, 역시 한민당의 지지세가 가장 강한 곳이 아니었던가 싶습니다.

1946년 2월 8일에 소련 군정이 북한에 북조선임시인민위원회를 만들고 그 위원장으로 35살의 김일성을 올려서 지금까지 76년 동안 계속되고 있는 김일성 정권을 세웁니다. 그리고 무상몰수 무상분배의 북한식 토지개혁을 시작하였습니다.

그러니까 이미 소련, 북한과는 어떤 협상도 무의미하게 된 것입니다. 이 분들의 판단이 옳았고, 그런 판단을 도운 미국 정보기관의 역할도 있었다고 저는 생각합니다. 물론 공산혁명을 피하여 월남하여 북한에서 무슨 일이 일어나고 있는지를 전해준 서북인(西北人)들의 역할도 있었고요.

그러면 대한민국 건국에 직접 참여하지 못하고, 평양에 남아 있다가 살해당하신 조만식 선생을 왜 다섯 손가락 안에 넣어야 하는가? 북한에서 반동으로 몰리거나 땅을 잃은 사람들이 100만 명 이상 월남했습니다. 이 분들이 모두 대한민국 건국에 앞장섰는데요, 그 분들을 대표하는 지도자로 조선민주당의 당수 조만식 선생을 넣자는 이야기입니다.

저는 이렇게 다섯 분, 이승만, 김성수, 신익희, 조봉암, 조만식, 이 분들을 중심으로 대한민국 건국의 역사가 다시 쓰여져야 한다고 생각합니다. 이 다섯 분이 다른 견해로 토론도 하고, 다투기도 하고, 협력도 하면서 대한민국을 건국한 이야기는 충분히 아름답고 뜻이 깊고, 극적이고 또 교훈적이라서 후손들에게 가르칠 만한 역사가 될 것입니다.

하지만 오늘날의 역사학자들이 그런 일은 하지 않고 엉뚱한 일을 하고 있습니다. 대한민국 건국에 참여하지 않았던 분들의 입장에서 대한민국 건국의 의미를 폄하하느라 여념이 없습니다. 간혹은 대중의 비위를 맞추기 위하여 소위 대박 난 영화의 주인공을 미화하는 일을 하고 있습니다.

　인류 보편의 가치에 대해서 무지하고 세계정세에 어둡고, 어떤 나라를 만들 것인가에 대한 명확한 비전이 없고 "내가 누군데!" 하고서 오직 자신을 어떻게 대접해주는가만 보고서 잘못된 선택을 하신 분들을 영웅시하는 것은 오사마 빈 라덴을 영웅시하는 이슬람 탈레반과 무엇이 다르겠습니까? 한국의 지식인들, 정말 정신 차려야 합니다.

　여기 그림이 있습니다. 하늘에는 우남(雩南)이라는 해와 해공(海公)이라는 달이 떠 있습니다. 죽산(竹山)이라는 동산이 있고, 인촌(仁村)이라는 마을이 있습니다. 마을 한가운데는 고당(古堂)이라는 집이 있습니다.

　우남은 '국민의힘'에서, 해공은 민주당에서 조상으로 모십니다. 하지만 두 사람, 해와 달은 허공에 떠있고, 이념이라 할 수 있습니다. 두 분만 모셔서는 이념의 대립과 갈등을 피할 수 없습니다.

　사람이 사는 땅에는 죽산과 인촌과 고당이 있습니다. 만약 우리나라 정당 체제가 실용 중도좌파 정당과 실용 중도우파 정당으로 발전하거나 재편된다면 인촌을 조상으로 모시는 실용 중도우파 정당과 죽산을 조상으로 모시는 실용 중도좌파 정당으로 재편되리라고 봅니다.

　인촌과 죽산은 대지주의 아들과 빈농의 아들로서 출신 배경도 크게 다르고, 독립운동 시절의 활동 무대와 경험도 아주 다릅니다. 그런데 뜻밖에도 두 분은 묘하게 서로 통하는 데가 있고, 서로 신뢰를 하였습니다. 그래서 전쟁 이후에 단일 야당운동이 일어났을 때 많은 사람들이 엉뚱한 색깔

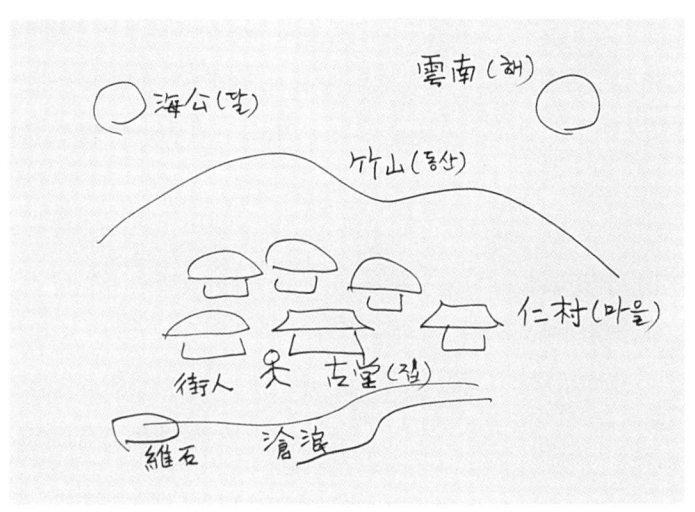

론을 내세워 죽산을 배제하려고 하였지만, 인촌은 결단코 죽산을 배제하지 말라고 당부하였습니다. 이는 거의 인촌의 유언이 되었습니다.

물론 인촌이 돌아가시면서 그 유언은 지켜지지 않고, 민주당을 함께 하지 못한 조봉암은 결국 진보당을 만들 수밖에 없었습니다. 두 분은 아마 공통적으로 실용중도파이고, 근대인이었기 때문에 진보와 보수를 넘어서 대화를 하고 신뢰를 주고받을 수 있었던 것이 아닌가 싶습니다.

제가 이 강연을 준비하면서 연필로 그림을 조금 더 그렸습니다. 고당이라는 집에는 가인(街人)이라는 사람이 살고 있습니다. 마을 앞에는 창랑(滄浪)이라는 개울이 있습니다. 개울가에는 유석(維石)이라는 바위가 있습니다.

가인은 누구입니까? 전북 순창 출신의 김병로 선생입니다. 대한민국 초대 대법원장을 하신 분이니 삼권분립의 민주공화국에서 사법부라는 한 축을 담당하신 분입니다. 김종인 대표의 할아버지로 유명한 분이죠. 역시 대한민국을 건국한 주역 중의 한 분이고, 한민당의 큰 줄기입니다.

그런데 마을 앞 개울에다 창랑이라고 이름을 붙인 것은 미군정의 수도경찰청장을 맡았었고, 나중에 부산 전시 수도에서 국무총리를 역임한 경상도 사람 장택상을 말하고, 개울 옆의 바위에다 유석이라고 이름을 붙인 건 미군정의 경무부장을 맡았으며 나중에 1960년 민주당 대통령 후보였던 충청도 사람 조병옥을 가리킵니다. 두 분 다 범(汎) 한민당이죠.

이 두 분은 친북 좌익 세력과 싸우는, 궂은일을 도맡아 하였으니 그림 속에서 옛날에는 마을 앞 개울이 곧 하수도이기도 했습니다. 팔도 사람들이 다 건국에 참여했다는 사실을 말하기 위해서 그림을 보충해서 그려 보았습니다. (웃음)

우남, 인촌, 해공, 죽산, 고당, 다섯 분 중에서 지금 그 명예가 성한 사람은 고당 조만식과 해공 신익희 두 분뿐인 것 같습니다. 이승만 박사야 장기 집권하다 쫓겨났으니 자초를 했다고 하더라도, 인촌 김성수와 죽산 조봉암은 말도 안 되는 친일시비로 건국훈장을 빼앗기거나 아직 받지도 못하고 있습니다. 개탄할 일입니다. 이런 일은 대한민국이 정체성의 혼란을 겪고 있기 때문에 일어난 일입니다.

### 정체성의 위기

지난 70여년 한국의 발전은 기적이었습니다. 세계 학자들이 그 원동력을 밝히느라 연구하고 토론한 기적이었습니다. 하지만 그 기적에는 어두운 그림자도 있어서, 지금 엉뚱한 사람들이 숟가락을 들고 나타나 잔치를 벌이고 있습니다.

이럴 때 우리는 어떻게 해야 합니까? 여러 가지 해야 할 일이 있겠지만, 먼저 저는 우리나라가 어떤 나라인지, 어떤 정체성을 가진 나라인지를 되돌아보고, 이 나라 건국의 아버지들의 꿈과 초심으로 돌아가는 것이 필요하다고 생각합니다. 그 분들과 의논을 해야 한다고 저는 생각합니다.

그러면 대한민국의 정체성은 무엇입니까? 대한민국은 자유와 평등의 나라이고, 모든 국민의 인권과 재산이 헌법에 의해 보장되는 민주공화국이라고 말할 수 있겠습니다. 우리가 사랑하고 자랑스러워하는 대한민국 헌법이 바로 우리나라의 정체성을 규정하고 있습니다.

그러면 이런 대한민국의 정체성과 대한민국의 헌법이 만들어진 곳은 어디인가요? 다양한 의견을 절충하는 논의는 어디서 이루어졌습니까? 물론 나중에 공식적으로는 제헌국회에서 다루어졌지만, 그것은 이미 초안이 다 만들어져서 형식적인 절차로 토론하고 거의 원안대로 통과시킨 것이고, 실제로 중요한 결정이 이루어진 곳은 인촌의 사랑방이었습니다.

내각제 요소가 가미된 대통령제라는 우리나라 특유의 권력구조가 만들어진 곳도 인촌 사랑방이고, 농지개혁의 근거가 된 경자유전(耕者有田)의 원칙이 확정된 곳도 인촌 사랑방이었습니다. 헌법을 기초한 유진오 박사가 바로 인촌이 키운 사람이고 보성전문, 지금의 고려대학교 교수였습니다. 뿐만 아니라 헌법기초위원회 소속 국회의원들과 전문위원들 절반이 인촌을 따르는 사람들이었습니다.

이 대목에서 낭산(朗山) 김준연(1895~1971) 선생의 활약을 언급하지 않을 수 없습니다. 전남 영암 출신의 수재로 동경제대와 베를린대학에서 법학을 공부하신 분이죠. 일제 시대에는 조선공산당 책임비서로 활동하기도 했고, 해방 후에는 전향하여 한민당 창당에 참여하고, 영암에서 제헌국회의원으로 당선되어, 헌법 기초위원이 되었습니다.

바로 이 분이 인촌사랑방에서 열린 한민당 회의에서 대통령제와 내각제를 절충한 헌법 초안을 만들어내었습니다. 이승만 박사가 대통령에게는 국가원수의 명예만 갖고, 국무총리에게 실권을 주는 유진오 안을 거부하자, 긴급 대책회의를 열어서 의논하면서 그 자리에서 바로 낭산이 절충안을 만들었다는 이야기입니다. 나중에 법무부 장관도 하시죠.

이런 건국사를 모르는 무식한 놈들이 어이가 없는 짓을 저지르고 있습니다. 이미 1962년에 한민당의 지도자 인촌 김성수 선생에게 추서된 건국훈장을 박탈하고, 고려대학교 앞길 이름을 '인촌로'에서 '고려대로'로 바꾼다고, 명패를 바꾸어 달고서는 만세를 불렀다고 합니다.

그야말로 배은망덕한 놈들이라고 저는 생각합니다. 차라리 고려대학교를 없애지, 고작 거리 이름 명패를 바꾸어 달고서는 만세 부르다니, 가소롭고 웃기는 놈들이라고 저는 생각합니다. 그런다고 인촌의 흔적이 지워지겠습니까?

인촌 김성수 선생은 온갖 굴욕을 참고 인내하면서, 전국의 유지들을 찾아다니면서 설득을 하고 힘을 모아서 동아일보를 만들고, 고려대학교를 만들고 경성방직을 세웠습니다. 모두 우리나라 사람의 힘으로 만든 최초의 제대로 된 언론사요, 규모 있는 대학교요, 본격적인 근대 산업이고, 제조업 주식회사였습니다.

지금 우리나라는 경성방직 같은 큰 산업체를 수 천, 수 만 개 가진 세계적인 경제 강국이 되었습니다. 그런데 그 기적은 바로 경성방직에서 시작되었습니다. 그 회사에서 키운 기술자와 엔지니어와 경영자들이 해방으로 일본인들이 남기고 간 공장들을 돌렸던 것입니다. 그래서 오늘 토론자로 오신 경제사학자 주익종 박사는 경성방직을 '대군의 척후'라고 부르는 책을 썼습니다.

우리는 모두 그 분의 은덕을 입고 그가 닦아놓은 기초 위에서 잘 먹고 잘 살고 있습니다. 그렇다면 어려운 시절에 남의 집 머슴살이라도 해서 먹이고 재워서 키워놓았더니 부모를 부끄러워하고, 무슨 일이든지 부모 탓을 하는 배은망덕하고 철없는 자식의 모습이 바로 지금 우리의 모습이 아닐까요?

이렇게 철없는 짓을 자꾸 하면 하늘이 벌을 내리지 않겠습니까? 집안이 망하고 나라가 망하여 우리 후손들이 거지가 되어 길거리에서 노숙하고 배고파서 울게 되지 않겠습니까? 저는 정말 걱정이 됩니다.

우리 조상들이 살아낸 그 시대를 우리는 잘 모릅니다. 상상도 할 수 없습니다. 특히 군국주의자들의 미친 광란에 속마음이야 어떻든 일단 겉으로는 박수치지 않으면 살아남을 수 없었던 태평양 전쟁의 시대를 우리는 상상할 수 없습니다. 그런데 모든 신문이 다 폐간되고 유일하게 발행되던 총독부 기관지를 보고서 섣불리 판단을 하는 자들이 있습니다.

그 사람들에게 묻고 싶습니다. 나중에 북한에서 김씨 조선이 무너지고 나서 「로동신문」 기사를 근거로 해서, 김일성 동상에 절한 사람, 충성 편지 쓴 사람 모두 세습독재 부역자로 처벌하자면 몇 사람이라 해야 할까요? 북한 인구의 절반쯤 해야 할까요? 아마 그렇게 할 수 없을 겁니다. 그러면 또 당장 그렇게 하지 못했다고 70년이 지난 후에, 대통령이라는 사람이 김씨 조선 잔재의 청산이 아직 안 되었다고 외쳐야 할까요?

우리는 알아야 합니다. 우리 조상들이 바보가 아니었습니다. 그 시대를 함께 살아낸 사람들이 더 잘 알고 더 올바른 기준을 세웠다고 저는 믿습니다. 그렇기 때문에 반민특위의 조사 대상에 오른 적이 없는 사람을 지금 우리가 친일파니 뭐니 하는 것은 실로 건방진 짓이라고 저는 생각합니다.

그 시대를 함께 살았던 사람들이 거의 다 살아있던 해방 정국에서 반민특위도 설치되었고, 조사도 하고 재판도 했습니다. 그랬지만 인촌은 조사 대상에 오른 적이 없습니다. 오히려 해방정국에서 선생님은 지도자로 활동했습니다. 만약 인촌이 진짜로 친일파였다면, 누가 지도자로 모셨겠습니까? 인촌은 좌익 쪽에서 발표한 인민공화국에도 문교부 장관으로 추대되었습니다.

1955년 2월 18일 인촌이 돌아가시고, 2월 24일 서울운동장에서 열린 장례식은 국민장(國民葬)이었습니다. 그러면 당시에, 인촌과 함께 일제의 압제를 견뎌냈던 분들이 거의 살아있던 그때의 국민장이 잘못된 것인가요? 그 자리에 참석한 그 많은 사람들은 어떻게 된 건가요? 정신 나간 사람들인가요?

**해방 후 벌이는 독립운동**

저는 민주화운동을 하였기 때문에 이상한 일을 자주 보았습니다. 한참 감옥을 가고 해야 할 때 민주화운동 안 했던 사람들이 민주화 이후에 더 열심히 민주화운동을 하더라는 것입니다. 유감없이 싸운 사람들은 잊어버리고 새로운 시대에 새로운 할 일을 찾는데, 민주화운동을 안 한 사람들은 민주화 이후에 뒤늦게 민주주의를 부르짖더니 지금도 민주화운동에서 벗어나지 못하고 있습니다.

마찬가지로 해방된 지 76년이 지난 지금도 독립운동을 하는 사람들이 있습니다. 그들은 실은 독립운동이 뭔지도 잘 모릅니다. 더욱이 건국준비위원회 부위원장 민세 안재홍 선생이 1945년 8월 16일, 해방 다음 날 라디오 방송에 나가서 한일친선(韓日親善)을 부르짖은 이유를 알리는 없습니다.

우리는 그들과 맞서 싸워야 합니다. 지금 팔십 노인도 해방 당시 다섯 살 어린아이들인데 무엇을 알겠습니까? 그런데 자기들이 다 아는 것처럼 떠들고 그 무슨 광복회다, 뭐다하는 단체를 만들어서 반일 캠페인에 앞장서고 있지만, 공부 안하면 모르기는 늙거나 젊거나 마찬가지입니다.

지금 우리가 보고 있는 것은 어떤 역사의식의 발로이거나, 건강하고 성숙한 시민의식의 발로가 아닙니다. 이것은 집단 정신병의 발작에 지나지 않습니다. 게다가 위험한 것은 그런 광란이 대한민국 건국의 가치와 정체성을 위협하고 있다는 것입니다.

그래서 저는 주장하고 싶습니다. 자유와 평등의 나라, 모든 사람에게 재능을 발휘하고 노력하여 성공할 기회가 주어지고, 모든 사람에게 하늘이 준 인권이 보장되는 민주공화국, 대한민국의 정체성을 지켜야 한다고 말입니다.

우리나라를 강점하고 식민지로 지배한 것은 제국주의 일본이지 민주주의 나라 일본이 아닙니다. 민주주의 나라 일본은 대한민국과 공통의 가치를 나누고 있는 우방국입니다. 그런데 반일 민족주의 감정을 정치에 이용하려고 자꾸 100년 전, 80년 전, 잘 알지도 못하는 과거를 끄집어냅니다.

그러기 위해서 소녀상을 전국 방방곡곡에 세우고 있습니다. 학교 교정에서 새삼스럽게 일본 나무라면서 아름다운 고목(古木)들을 뽑아내고, 음악 선생 하셨던 분들이 일제 말기에 무슨 단체에 이름 올려서 무슨 대단한 영화(榮華)를 보았다고, 그 무슨 엄청난 친일파라고, 교가(校歌)를 바꾸라고 윽박지르고 있습니다.

만약 김대중 대통령이 살아계신다면 이런 짓을 찬성했을까요? 저는 틀림없이 반대하셨을 것이라고 생각합니다. 그러면 저는 무슨 근거로 이렇게 주장할까요?

우선 지금까지 역대 정권이 모두가 반일 민족주의 선동을 하고, 정치에 이용했습니다. 김영삼 정권도 심한 편이었습니다. 친일잔재를 청산한다면서 1948년 대한민국 정부 수립이 선포된 중앙청을 허물어버리고, "일본의 버르장머리를 고쳐놓겠다"고 큰소리치기도 했습니다.

그 반면에 김대중 정권이 가장 안한 편이라고 저는 기억합니다. 일각의 우려에도 불구하고, 일본 대중문화를 개방한 것도 김대중 정권이었습니다.

제가 김대중 대통령은 이런 반일 민족주의 캠페인을 반대하셨을 것이라고 믿는 이유는 또 있습니다. 유명한 이야기인데요, 진짜로 김대중 대통령이 친일파로 몰린 적이 있습니다. 그것은 십 수 년 질질 끌던 한일회담이 마침내 타결되어 국교 정상화가 이루어지던 그 시절의 이야기입니다.

김대중 대통령은 자신의 긴 정치 인생 중에서 가장 힘든 시기가 1964년부터 65년 사이에 한일회담 반대 시위가 격렬하던 때였다고 회고했습니다. 그 당시 모든 야당 정치인들과 학생들, 청년 지식인들이 한일회담과 국교정상화에 반대했습니다. 그런데 김대중 의원, 홀로 찬성을 하였습니다.

그래서 야당의 동지들로부터 '사꾸라', 즉 여당의 간자(間者)로 몰렸습니다. 그러니 일부 사람들은 분명히 김대중이는 친일파라고 욕을 했을 겁니다. 하지만 그가 옳았음을, 그 분이야말로 용기 있는 정치인이었음을 역사가 증명하고 있습니다.

더 늦기 전에 한일 관계를 정상화하여 무역을 하고 기술을 도입하고 대일 청구권 자금과 차관으로 경제 개발을 시작하지 않았다면 우리나라 경제 발전에 어떤 어려움이 있었을지 모릅니다. 중국이 문화대혁명이라는 미친 짓을 하고 있을 때, 우리는 세계시장에서 중국이란 거대한 경쟁자가 나타나기 전에 수출을 해서 부강한 나라를 만들었습니다.

그래서 저는 바로 이런 김대중의 정신을 이어받아서, 반일 민족주의의 광란에 맞서 싸우자, 아무데나 소녀상 세우기를 거부하고, 유서 깊은 광주일고를 비롯한 많은 학교의 교가를 바꾸자는 전교조의 제안을 거부하고, 멀쩡하게 살아 있는 나무 뽑아내기도 거부하고, 인촌 김성수 선생을 되살리는 운동을 하자는 것입니다.

### 모두에게 책임이 있다!

그러면 왜 이렇게 역사가 왜곡되었는가? 솔직히 말씀드려서 가장 큰 책임이 이승만 대통령에게 있습니다. 이승만 대통령이 무리를 해서 장기 집권을 하지 않았다면 건국의 스토리가 이토록 폄하되지 않았을 것입니다. 이승만의 장기 집권과 4·19혁명에 의한 강제 퇴진이 건국의 아버지들 모두의 명예를 망쳐놓았습니다.

미국의 초대 대통령 워싱턴은 두 번을 연임하고 누가 뭐라고 해도 세 번째는 출마하지 않습니다. 그것은 미국 민주주의의 아름다운 전통이 됩니다. 미국에서 공부하신 이승만 대통령도 그렇게 했다면 얼마나 좋았을까요? 그랬다면 인촌 선생이 대선배로서 후견하는 가운데 3대는 신익희, 4대는 조봉암이 물려 받았다면, 진작부터 우리나라도 더 아름다운 건국사(建國史)를 자랑하게 되었을 것입니다.

1956년 대선 당시 이승만의 연세는 82세였습니다. 그런 이승만에게 아부하고 꼬드겨서 말도 안 되는 사사오입 개헌까지 해가면서 장기 집권에 나서게 하여 평생의 명예를 더럽히고, 그 밑에서 권력을 누린 이기붕이와 박마리아 부부를 저는 정말로 미워합니다. 결국 이 부부는 아들 이강석이가 권총을 쏘아서 가족 동반 자살하고 말았지만, 그들의 죄는 정말 큽니다.

4·19와 5·16 이후 역대 정부들은 할 수 없이 임시정부 마지막 주석 김구 선생을 중심에 놓고 대한민국을 이야기하려고 하니 자꾸 이야기가 꼬입니다. 그 분은 실은 대한민국 건국에 참여를 하지 않았거든요.

흡사 조선 건국에 반대한 정몽주를 충신으로 높이 받들고, 조선이란 새 나라의 설계자인 정도전은 나라가 망하기 직전까지 역적으로 몰았던 조선 선비들의 정신분열적인 행동을 우리가 반복하고 있는 것입니다.

김구 선생은 이미 늦은 남북협상을 하러 평양으로 가면서 "38선을 베고 죽는 한이 있더라도 일신의 안일을 위하여 단독 정부 수립에는 참여하지 않겠다"고 말하여 결국 대한민국 건국에 참여하신 분들을 죄다 일신의 안일을 위하여 건국에 참여한 사람들로 매도했습니다.

과연 그렇습니까? 아닙니다. 우리 민족은 이렇게 세계사 최첨단의 진보적 가치와 민주주의를 갖춘 나라를 가져본 적이 없습니다. 미안하지만 백범 김구, 그 분은 크게 틀렸습니다. 비록 잘못도 저지르고, 부족한 점도 있었지만, 대한민국 건국에 참여하신 분들이 옳았음을 지난 73년의 역사가 대낮의 해처럼 분명하게 증명하고 있습니다.

하지만 세월이 흐를수록 역사는 더 신화가 되고 만화가 됩니다. 이제 백범 김구 선생은 거의 성인의 반열에 올랐습니다. 백범을 아무도 비판할 수 없는 신성한 존재로 만들어놓고 우상숭배를 하고 있습니다. 정작 김구 선생 본인은 이런 광경에 매우 당황해하고 있을 겁니다.

여기 유명한 일화가 있습니다. 1946년 12월 중순에 고하(古下) 송진우 선생은 한민당 수석총무로서 임시정부 요인들에 대한 환국 환영 준비회를 서울 관수동 근처 국일관에서 열었습니다.

김구, 김규식, 이시영, 조소앙, 신익희, 조완구, 엄항섭을 비롯한 임정 요인이 전원 초대된 자리였습니다. 술을 한 잔 하다 보니 농담처럼 임정 내무부장 신익희가 '국내에 있던 사람들은 크거나 작거나 간에 모두 친일파'라고 했습니다.

그러자 설산 장덕수가 이렇게 말했습니다. "해공! 무슨 소리를 그렇게 하는 거야? 그렇다면 해공, 난 어김없는 숙청감이군 그래?" 자리의 분위기는 험악해졌습니다. 하지만 거의 싸움판이 될 뻔한 그 자리는 고하 송진우 선생의 한 마디로 정리가 되었습니다. 모두들 입을 닫고 말았다는 이야기입니다.

"여보 해공! 표현이 좀 안됐는진 모르지만 국내에 발붙일 곳도 없이 된 임시정부를 누가 오게 하였기에 그런 큰 소리가 나오는 거요? 소위 인민공화국 작자들이 했을 것 같아? 천만에요. 해외에서 헛고생을 했군. 해방된 우리 국민들에게 임시정부를 떠받들도록 하는 것이 3·1 운동 이후 임시정부의 법통 때문이지 노형들 개인을 위해선 줄 알고 있소? 여봐요, 중국에서 궁할 때 뭣을 해먹고 살았는지 여기서 모르고 있었는 줄 알어? 국외에서는 배는 고팠을 테지만 마음의 고통은 국내 사람들보다 오히려 적었을 거 아니야? 가만히들 있기나 해요. 하여간 환국했으면 모든 힘을 합쳐서 건국에 힘쓸 생각들이나 먼저 하도록 해요!"

고하 송진우 선생이 누구입니까? 1890년 담양군서 태어나서 1906년에는 담양의 영학숙(英學塾)에서 인촌 김성수를 만나고, 1907년 변산 내소사 청련암에서 1889년 고창에서 태어나신 근촌(芹村) 백관수를 만나 평생의 동지로서 독립운동과 해방 후의 한민당을 이끈 세 친구의 한 사람입니다.

해방 후 고향인 고창에서 제헌 국회의원으로 당선되고, 제헌 국회에서 법사위원장을 맡았던 근촌 백관수 선생은 안타깝게도 한국전쟁 당시 납북되고 말았습니다.

영학숙의 동창이라면 무송(撫松) 현준호(1889~1950) 선생도 빼놓을 수 없습니다. 전남 영암 태생으로 1906년 영학숙에서 공부했습니다. 현준호 선생은 호남은행 설립을 주도하여 대표를 맡았고, 전남의대의 전신인 광주의전을 설립하고, 영암 서호 간척 사업을 이루어내신 업적으로 유명합니다. 안타깝게도 한국전쟁 당시 인민군에게 학살당하였습니다. 현정은 현대그룹 회장의 조부가 되십니다.

이런 친구들 중에서 고하가 정치인으로서 자질은 가장 뛰어났습니다. 그래서 한민당 수석 총무, 즉 당수가 되었습니다. 그리고 동아일보 사장도 겸했습니다. 좌익에 몽양 여운형이 있었다면 우익에는 고하 송진우가 있다는 말을 들을 정도로 대중 정치인으로 인정받던 분입니다.

고하가 정치와 언론을 맡아주면, 인촌은 고려대학교 총장으로서 교육자의 삶을 살기를 원했습니다. 하지만 안타깝게도 고하는 반탁운동의 열기에 고무되어 미군정에 대하여 반란을 일으키려는 임정을 말리다가 암살당하고 말았습니다.

고하가 말하는 "중국에서 궁할 때 무엇을 해먹고 살았는지 모를 줄 아는가"라는 이야기는 대체 무슨 뜻입니까? 바로 해공 신익희 선생이 궁할 때 아편 장수를 했다는 말도 있었습니다. 사실이야 알 수 없지만, 그만큼 떳떳하지 못한 지하 경제에 종사하기도 했다는 말이죠.

정말 큰 문제는 해방 전 10여 년 동안 임시정부는 실제로 일제와 싸우는 전쟁은 하지 않고 내부 정치에만 열을 올리고 있었다는 데에 있습니다. 이른바 독립군은 전투에 참전한 적이 없습니다. 오죽하면 학도병으로 나갔다가 탈출하여 임시정부에 합류한 장준하가 그런 모습에 실망하여 대놓고 이렇게 말했다고 하지 않습니까?

"가능하다면 이곳을 떠나 다시 일군(日軍)에 들어가고 싶습니다. 이번에 일군에 들어가면 꼭 일군 항공대에 지원하고 싶습니다. 일군 항공대에 들어간다면 충칭 폭격을 자원, 이 임정 청사에 폭탄을 던지고 싶습니다."

임정의 젊은 피 엄항섭이 쓴 홍보물, 신문과 잡지는 그야말로 판타지 소설이었습니다. 중국정부의 지원을 더 받아내기 위한 임정 판타지, 하와이 등 해외 동포들의 후원을 더 받아내기 위한 백범 판타지, 이젠 좀 벗어날 때도 되었습니다.

그런데 다 알면서도 엉뚱한 소리 하는 부정직한 지식인들, 곡학아세(曲學阿世)하는 학자들에 의해 임시정부는 신화(神話)가 되었습니다. 그 반대로 국내에서 2천만 민중과 함께 그 힘든 태평양전쟁 시기를 견뎌낸 분들에 대해서는 시도 때도 없이 폄하합니다.

### 근대 한국인의 전형(典型)

오늘은 인촌이 탄생하신 날이니만큼 인촌의 인간적인 면모에 대하여 잠시 말씀드리고 제 이야기를 마치겠습니다. 우리가 인촌을 기리는 데에는 근대 한국인의 전형을 제시하는 의미가 있다고 저는 생각합니다.

조선이 망하고 독립운동을 하던 시절 우리 조상들은, 조선 사람이 아닌 새로운 나라의 국민, 신한국인(新韓國人)의 모습이 어떠해야 하는가를 토론하고, 또 그와 같이 되기 위해 서로 권면하며 노력했습니다. 그런데 인촌이야말로 조선 사람이 아니라 한국 사람의 전형이라고 저는 생각합니다.

과연 많은 사람들이 인촌을 자신의 이상형으로, 모범으로 삼아서 살았습니다. 그 대표적인 사람이 60년대의 공화당 재정위원장이었던 김성곤이라는 사람입니다. 그는 인촌을 존경하여 쌍룡양회 등의 회사를 세우고 사업을 해서 번 돈으로 국민대학을 인수하는 등 인촌의 흉내를 내기도 했습니다.

다시 말씀드리지만 인촌은, 지금까지 한국인의 모범적인 모습이고, 그래서 우리 자손들에게 "바로 이것이 한국인이다. 너희들은 이보다 더 나은 사람이 되라"고 가르칠 수 있는 인간형이라는 것입니다. 우리 자손들이 우리보다 더 훌륭한 사람이 되기를 바란다면 인촌의 모습을 되살리지 않을 수 없습니다.

인촌은 100년 전 당시 조선사람 가운데 실로 드물게도 근대인(近代人)이었고, 우물안 개구리, 위정척사파(衛正斥邪派) 류의 선비형 지식인이 아닌 코스모폴리탄 세계시민이었고, 허세와는 거리가 먼 실용주의자였습니다. 1930년경에는 마흔 나이로 세계일주 여행을 하고, 특히 영국에서 1년간 머물면서 영국 사람들의 실용주의를 몸에 익히기도 하였습니다.

모두가 비분강개하고 술 마시고 있을 때, 인촌은 조용히 인재를 기르고, 실질적인 일을 했습니다. 청년들에게는 유학비를 대주어서 일본이나 미국, 영국 가서 과학과 기술을 배워오라고 지도하였습니다.

도산 안창호 선생이 후배 청년들에게 연설하면서 목 놓아 절규했습니다. "힘을 기르소서, 힘을 기르소서" 실력 없이 무슨 독립을 합니까? 독립을 말로 합니까? 그런데 안창호의 절규에 가장 충실하게 답한 사람이 누구입니까? 바로 인촌 김성수라고 저는 생각합니다.

흔히 인촌을 소개한 글을 보면 먼저 그가 얼마나 좋은 가문에서 태어났는지를 강조합니다. 그러나 훌륭한 사람은 좋은 가문에서 태어난다는 이런 서술에 대해 저는 별로 믿지 않는 편이고, 또 바람직하다고 생각하지 않습니다. 인촌은 경화사족(京華士族)이나 명문귀족(名門貴族) 출신이 아니었습니다. 할아버지는 기껏 몰락 양반이라고 할 수 있는데, 이는 거의 평민과 마찬가지입니다. 저는 오히려 이 점을 강조해야 한다고 생각합니다.

인촌의 할아버지와 아버지가 군수 벼슬을 했다고 하지만, 조선 말기라는 시대에 그 벼슬은 탐관오리들로부터 자신의 재산과 생명을 지키기 위한 호신용 벼슬이라고 보아야 할 것입니다. 관리로서 입신출세하고자 하는 목적으로 얻은 벼슬이 아닌 것입니다.

인촌의 할아버지가 장성에서 고창의 부잣집으로 장가를 와서부터 부자가 되기 시작했다고 모두가 알고 있습니다. 그런데 이 집안은 봉제사접빈객(奉祭祀接賓客)의 허례허식으로 재물을 낭비하지 않았습니다. 그러니까 이미 선대부터 근대적인 사고방식을 가졌던 것입니다.

그래서 문명개화를 빨리하고 자식들에게 근대 교육을 받게 하였습니다. 자신의 재력으로 농한기에는 수리 시설을 하고 갯벌을 간척하여 소작농들에게 농토를 제공하고, 가혹한 수탈을 해서가 아니라 합리적으로 재투자를 해서 부를 축적하니, 인심을 얻을 수밖에 없었습니다.

결론적으로 인촌은 귀족 출신이 아니고 평민 출신입니다. 그리고 부지런하고 겸손한 사람, 근검절약한 사람, 다른 사람의 의견을 존중하고 배려하는, 그래서 민주주의 시대에 맞는 사람이었습니다. 그 분은 부통령을 하실 때에 각하라는 호칭을 쓰지 말라고 지시를 합니다.

그 분이 아무리 큰 부잣집 아들이라도 아버지 돈으로 보성전문의 학교 터를 다 마련하고, 고려대학교의 본관, 도서관을 짓고, 동아일보, 경성방직을 다 세울 수는 없었습니다. 그 분은 전국을 돌아다니면서 부자들과 유지들을 만나서 설득하고 주식이나 기부금을 모아서 그 모든 것을 이루었습니다. 그는 남을 설득하는 힘을 가진 민주적 리더였던 것입니다.

그리고 그는 앞에 나서기를 좋아하는 사람이 아니었습니다. 고하 송진우, 설산 장덕수를 한민당의 당수로 내세웠지만 한독당 측의 암살로 할 수 없이 직접 나서지 않을 수 없었습니다. 누구나 당연히 인촌의 것이라고 생각한 종로 지역구를 월남한 조선민주당 부위원장 이윤영 목사에게 양보하였습니다. 그래서 국회의원을 한 번도 하지 않았습니다. 그럼에도 결국에는 사람들의 추대로 대한민국 부통령이 되었습니다.

인촌은 다리가 짧고 머리가 컸습니다. 바로 저처럼 생겼습니다.(웃음) 그러니까 결코 미남이라고 할 수는 없고, 지극히 평범하게 생긴 분이었습니다. 하지만 그 분은 바로 근대 한국인의 전형이었습니다. 우리 할아버지, 아버지의 얼굴입니다.

마지막으로 처음의 주제로 돌아가서 오늘의 결론을 정리하겠습니다. 일제로부터의 해방과 대한민국 건국은 결코 부끄러운 일도 아니고, 대한민국의 파운딩 파더스(founding fathers)들이 주어진 조건 속에서 최선을 다 한 극적인 스토리였습니다. 그래서 지난 73년의 기적이 가능했습니다.

그러므로 우리는 이제 건국의 아버지들을 재평가하고, 특히 그 중에서도 인촌, 가인, 낭산, 근촌, 무송, 고하 등 호남에 뿌리를 둔 지도자들과 한민당을 재평가해야 합니다. 저는 사실에 근거하여 분명하게 말씀드립니다. 대한민국 건국은 호남이 주도하였습니다.

두서없는 이야기를 경청해주셔서 감사합니다.

1948년 5월 10일, 제헌국회의원 선거에는 90%를 넘는 투표율을 보여서 UN 감시단이 깜짝 놀랐습니다. 전 국민이 참여하는 제헌국회 선거를 하고, 헌법을 제정하고, 정부를 구성하고 마침내 UN이 승인을 하였습니다. 그것이 대한민국입니다. UN이 만들었기 때문에 나중에 한국전쟁이 벌어지자 바로 UN이 군대를 보낸 것입니다.

# 대한민국의 탄생

**제1강 민주공화국의 꿈은 어디서 왔는가?**
일시 : 2022년 3월 17일

**제2강 안창호, 민주공화국의 설계도를 그리다**
일시 : 2022년 3월 24일

**제3강 좋은 유전자를 갖고 태어난 사생아**
일시 : 2022년 3월 31일

이태원클래스

# 대한민국(Republic of Korea)의 탄생

**제1강 : 민주공화국의 꿈은 어디서 왔는가?**

2022. 3. 17

    우선 이렇게 멋진 「이태원클래스」에서 강의할 수 있는 기회를 주신 윤범기 기자님을 비롯한 여러분에게 감사를 드립니다. 제 강의의 제목은 '대한민국의 탄생'입니다.

### 대한민국 탄생의 세 단계

    대한민국의 탄생은 꿈의 단계, 설계의 단계, 실현의 단계, 세 단계로 이루어졌습니다. 건축의 과정과 비유한다면, (1) 아름다운 집에 살고 싶다는 꿈과 살고 싶은 집의 이미지를 형성하고, (2) 그림으로 설계도를 그리고 아무데나 남의 땅이라도 가건물을 지어보고, (3) 내 땅을 구하여 현실의 기초 위에 실제로 집을 지은, 그런 길고 험난한 과정을 거친 것입니다.

    그래서 저는 앞으로 3회에 걸쳐서 민주공화국 대한민국의 탄생을 이야기해볼까 합니다. 그것은 1850년생 이상재, 1875년생 이승만, 1900년생 박헌영으로 대표되는 세 세대(three generations)의 이야기이기도 합니다.

    본격적인 강의에 들어가기에 앞서 잠시 대한민국이라는 우리나라 이름, 국호(國號)부터 살펴보시죠. 1948년 대한민국을 건국할 때, 제헌국회의 헌법기초위원회와 본회의에서 국호를 두고 치열한 토론과 표결이 전개되었습니다.

물론 다수결로 대한민국으로 결정되었습니다만, 상당한 수의 의원들은 '고려공화국'으로 하자고 주장합니다. Republic of Korea의 깔끔한 직역이죠. 지금도 우리는 세계를 향해서 말할 때는 Great라든지 그런 형용사를 붙이지 않습니다. 그저 'Republic of Korea'라고 부릅니다. 다만 우리끼리는 대한민국(大韓民國)이라고 부릅니다.

사실 대한민국은, 스스로 궁궐을 지킬 힘조차 없던 한심한 나라에 전혀 어울리지 않는 낯 뜨거운 이름, 대한제국(大韓帝國)에서 한 글자를 바꾼 이름이기도 하고, 중화민국(中華民國, Republc of China)을 모방한 것 같기도 합니다. 하지만 3·1운동 직후에 한성과 상해에서 만들어진 임시정부의 국호가 대한민국이었다는 사실과 임시정부의 집정관총재(대통령)가 바로 자신이었음을 상기시키고자 하는 이승만 박사의 요청에 따른 것입니다.

그래서 우리는 이중생활을 하게 되었습니다. 영어로는 people이라고 써놓고는 (인민이 아닌) 국민이라 읽고, Liberation Day를 (해방절이라고 하지 않고) 굳이 광복절이라고 하는 것과 비슷하지요.

여하튼 우리나라 헌법 제1조 1항에는 "대한민국은 민주공화국이다"라고 규정되어 있습니다. 우리나라의 이름과 그 정체성을 제시하고 있는 것입니다. 1948년 7월 17일에 제정된 제헌헌법에서도 그 제1조에 역시

"대한민국은 민주공화국이다"라고 규정되어 있습니다.

그렇습니다. 대한민국은 한반도에 처음 등장한 민주공화국입니다. 고구려, 백제, 신라, 고려, 조선 같은 왕국들이 흥하고 망하면서 이어졌지만, 민주공화국은 처음으로 세워졌습니다.

사실 유라시아의 구대륙에서 민주공화국은 흔하지 않습니다. 미국, 캐나다, 오스트레일리아, 브라질 같이 신대륙에서 근대에 세워진 나라들은 민주공화국이 많지만, 구대륙에서는 매우 드뭅니다.

프랑스, 독일, 이탈리아 같이 연이은 혁명과 전쟁으로 커다란 희생을 치른 나라만 온전한 민주공화국이 되었고, 영국과 일본, 스웨덴과 네덜란드 같은 나라들은 여전히 왕국(王國)이라는 근대 이전의 유산을 청산하지 못하고, 외형적으로는 입헌군주국 같은 모습을 하고 있습니다.

우리나라도 역시 35년 동안 제국주의 일본의 식민지가 되는 고통과 건국 초기의 큰 전쟁을 치르고서 민주공화국을 건설할 수 있었습니다. 역설적으로 큰 희생을 치르고 큰 고통을 겪은 나라들이 민주공화국이 되었습니다.

아니, 혁명과 전쟁 등으로 다른 나라 못지않게 큰, 엄청난 희생을 치르고도 아직 제대로 된 현대 민주주의 나라를 만들지 못한 러시아나 중국 같은 나라들도 많습니다.

그런 점에서 우리나라는 운이 그렇게 나쁜 편은 아닙니다. 조선 왕국이 망하여 식민지가 되었던 시대와 해방 후 한국전쟁이 끝나기까지, 즉 건국 과정에서 목숨을 바치고, 피땀을 흘려 이렇게 좋은 나라를 만들어주신 조상들에게 다시 한 번 감사를 드립니다.

**씨를 뿌리고 싹을 가꾼 사람들**

그러면 중국(명, 청) 제국의 번속국(藩屬國)의 하나였던 조선 왕국 청년들에게 독립한 민주공화국이라는 꿈을 가져다준 사람은 누구인가요? 우리는 그 사람을 만나러 서울시 서대문구에 있는 독립문으로 가야 합니다.

거기서 만날 분은 서재필(1864-1951) 선생입니다. 자신이 세운 독립문 옆에 독립신문을 오른 손에 꽉 움켜쥔 서재필의 동상이 있습니다.

잘 아시다시피 그는 1884년 갑신정변에 스무 살 막내로서 참여한 사람입니다. 3일 천하가 무너졌을 때 그는 일본으로, 다시 미국으로 망명하였습니다. 다른 선배들이 미국 생활에 적응하지 못한 것과는 달리 그는 미국에서 막노동을 하면서 고등학교부터 다시 공부하여 의사가 됩니다.

갑오개혁을 주도한 개화파 정권의 초청으로 한국으로 돌아와서 중추원 고문이 되었지만, 관직을 맡지 않고, 독립신문을 창간하고 독립협회를 만들었습니다. 그리고 영은문을 헐고 그 자리에 독립문을 세웠습니다. 바로 중국의 번속국이 아니라는 선언이죠. 이로서 서재필에 의해서 우리나라 독립운동의 기본노선이 정립되었습니다. 그것은 친미노선이고, 민주공화국의 노선입니다.

독립신문 창간호 사설을 읽어보십시오. 거기에는 아주 분명한 민주주의 지향이 담겨 있습니다. 순 한글로, 구어체로 쓰여져 있지요. 23년 후에 최남선이 쓴 기미독립선언서와 비교해도 훨씬 현대적입니다. 물론 당시에는 현실 권력인 대한제국과 고종을 인정하는 척했기 때문에 민주공화국을 노골적으로 표방하지는 않았지만, 아주 분명히 미국을 모델로 하는 민주주의를 지향하고 있습니다.

스물 한 살의 청년 주시경(1876-1914)이 「독립신문」 1897년 4월 22일자에 기고한 국문론(國文論)을 읽어보십시오. "한글이 진정한 글자이고 한자는 그림에 불과하다"는 혁명적 주장은 정말 대단합니다. 한글을 국문(國文)이라 부르다니, 엄청난 사상혁명이 아닌가요?

실은 이에 앞서 더 큰 사상혁명이 있었습니다. 그것은 1880년 김홍집

(1842-1896)이 일본으로 수신사로 갔다가 만난 중국사람 황준헌으로부터 받아온 「조선책략(朝鮮策略)」으로 대표될 수 있는 세계관의 변화입니다.

구체적 내용은 미국과 수교하기를 권유하는 책인데요, 그 배경이 되는 세계관과 현실인식이 여전히 중화질서와 성리학에 갇혀 살던 조선 지식인들에게 큰 충격으로 다가옵니다. 그 격렬한 반응은 "어느새 털끝이 일어서고 쓸개가 떨리며 이어서 울음이 북받치고 눈물이 흐릅니다"라는 영남만인소(嶺南萬人疏)의 한 구절에서 읽을 수 있습니다.

우리나라 근현대사를 관통하는 위정척사파의 반동사상과 문명개화파의 진보사상의 대립 갈등이 시작된 것입니다. 실은 여전히 우리나라의 이념과 이데올로기 대립 구도는 겉모습만 달리할 뿐 근원적으로 문명개화파와 위정척사파의 갈등 구조를 벗어나지 못하고 있는지도 모르겠습니다.

그래서 조선책략과 영남만인소는 한국 근현대사를 공부하는 사람은 가장 먼저 읽어야할 문서입니다. 저는 개인적으로 나중에 이야기할 박헌영의 「8월 테제」와 함께 「조선책략」을 한국 근현대사에서 가장 중요한 문서라고 생각합니다. "그 두 문서를 읽지 않고서 한국 근현대사를 말하지 말라"라고 감히 말씀드리고 싶습니다.

서재필이 한국에 머무는 동안 필립 제이슨(Philip Jaisohn)이라는 미국 이름을 쓴다고 비난하는 사람들도 있었지만, 바로 그가 귀국한 직후 고종이 몰래 아관파천을 하고, 하루아침에 고종으로부터 배신당한 총리대신 김홍집이 길바닥에서 참혹하게 죽는 모습을 보았으니, 5년 동안 낮에는 막노동하고 밤에는 야간 학교를 다니는 고생 끝에 1890년 취득한 미국 시민권이야말로, 인권도 법치도 없는 조선이라는 중세 야만국에서 생명을 지킬 수 있는 유일한 방패라 여긴 것도 충분히 이해가 갑니다.

사실 이미 1884년 갑신정변 당시에 부모와 형과 아내가 음독자살하고, 동생은 참형되고, 두 살짜리 아들은 굶어죽었는데, 누가 그의 미국인 행세를 비난할 수 있겠습니까? 결국 서재필은 반동 세력에 밀려 미국으로 돌아가고 말았습니다.

하지만 그가 뿌린 씨앗은 청년들의 머리와 가슴 속에서 자라고 있었습니다. 중화제국의 번속국(藩屬國)이 아닌 독립국, 왕국이 아닌 공화국, 군주정이나 귀족정이 아닌 민주정의 나라를 꿈꾸는 청년들이 나타난 것입니다. 그들을 돌본 아버지 같은 분, 서재필이 뿌린 씨앗에서 나온 새싹들을 돌본 사람은 월남 이상재(1850-1927) 였습니다.

그 분을 만나기 위해서 우리는 어디로 가야 합니까? 서울시 종로 4가 종묘 앞으로 가 보시겠습니까? 거기 가면 월남 이상재 선생을 만날 수 있습니다.

그 분은 1898년 종로거리에서 열린 만민공동회에서 사회를 보았습니다. 그리고 나라가 망한 후에는 경성YMCA 총무가 되셨습니다. 1924년에 조선일보사 사장도 하고, 1927년 좌우합작으로 만들어진 신간회 초대 회장을 맡은 지 얼마 되지 않아 돌아가셨습니다.

그 분에게 우(右)는 아들 세대이고, 좌(左)는 손자 세대입니다. 그는 이동휘(1873-1935), 이승만(1875-1965), 안창호(1878-1938) 같은 아들 세대, 박헌영(1900-1955), 조봉암(1899-1959) 같은 손자 세대를 보살피고 돌보았습니다. 특히 이승만을 아들 같이 키우고 보호하였습니다. 그래서 그는 마침내 종로에 동상이 서있는 유일한 인물이 되었습니다.

왜 만민공동회가 중요한가요? 바로 만민공동회에서 조선의 백성들이 근대 시민으로 거듭 났기 때문입니다. 장차 이 땅에 민주공화국을 세울 주체가 나타난 것입니다. 백정 출신의 박성춘이 연단에 올라 연설하기도 하였습니다.

정부 고관대작들과 시장 상인들과 백정이 함께 어울려서 정치 토론을 하는 이 모습은 조선의 마지막 영의정이기도 했던 김홍집(1842-1896) 총리가 갑오경장을 했기 때문에 가능한 일이었습니다. 김홍집은 김옥균(1951-1894)보다 아홉 살이 많습니다. 그는 김옥균을 비롯한 철없는 동생들이 일을 벌여놓으면 뒷수습을 하였습니다. 법률과 제도를 바꾸는 실질적인 혁명은 그가 다 했습니다.

서재필이 씨를 뿌리고, 이상재가 가꾸기 전에 밭을 갈아엎어 놓은 분이 김홍집이었습니다. 그는 참으로 책임감이 강한 분이었습니다. 저는 개인적으로 우리나라 근대사에서는 김홍집, 현대사에서는 조봉암에 감정이입이 되는 것을 느낍니다.

결국 만민공동회가 거듭되면서 고종을 몰아내고 민주공화국을 세우려고 하는 급진적인 청년들의 움직임까지 나타나게 되었고, 이 사건으로 스물 세 살의 청년 지도자 이승만이 잡혀 들어가서 죽을 뻔했지만 선교사들의 구명운동으로 겨우 목숨을 건져 5년 7개월 만에 풀려납니다.

**민주공화국의 꿈은 어디서 왔는가?**

이승만과 주시경, 이동휘와 안창호에게 독립국, 민주공화국의 꿈을 심어준 서재필과 이상재 외에도, 사실은 더 많은 사람들이 있었습니다. 그들을 만나려면 우리는 양화진 외국인선교사묘지에 가야 합니다.

여러분, 양화진 외국인선교사묘지 가 보셨습니까? 어디 있습니까? 예, 서울시 마포구 2호선 합정역에 있습니다. 꼭 한 번 가보십시오, 정말 큰 감동을 느끼실 겁니다. 신학대학을 갓 졸업한 젊은이들이, 저 멀리 동아시아 한 귀퉁이에 있는 미지(未知)의 나라 Korea로 복음을 전하기 위해 태평양을 건넜습니다.

처음에는 중국이나 일본에서 선교를 하다 선교가 잘 안 되어서 조선으로 넘어온 사람들도 있습니다. 감리교 선교사 아펜젤러(1858-1902)와 북장로교 선교사 언더우드(1859-1916), 두 미국인 청년들이 개신교 선교사로서는 가장 먼저, 1885년 조선에 들어왔습니다. 그들은 배재학당을 세우고, 바로 거기서 이승만과 주시경을 비롯한 여러 조선의 청년들을 만났습니다.

아까 말씀을 드렸듯이, 스물 한 살의 청년 주시경(1876-1914)이 독립신문 1897년 4월 22일자에 "한글이 진정한 글자이고 한자는 그림에 불과하다"는 혁명적 주장을 하였지만, 그 사실을 배재학당 학생 주상호(주시경의 젊은 시절 이름) 혼자 깨달은 것일까요? 아닙니다.

바로 아펜젤러와 언더우드가 조선에서 발견한 Korean Alphabet이라는 엄청난 문화유산이야말로 참된 글자라는 사실을 학생 주상호에게 말해주었겠지요. 그리고 서로 영어와 조선말을 가르쳐주면서 조선말의 문법을 세우고, 띄어쓰기를 시도하였을 겁니다.

주시경 선생은 사십(四十)도 되기 전에 과로사하였지만, 많은 제자들을 길렀습니다, 그래서 김두봉, 최현배, 김윤경, 이극로, 장지영 등 나중에 조선어학회 사건으로 탄압받는 학자 대부분이 주시경의 제자들이었습니다. 그런데 이상하게도 우리는 그의 스승에 대해서는 들어본 바가 없습니다. 민족주의자들로 가득한 중·고등학교 역사 선생님들이 가르치지 않았기 때문입니다. 하지만 주시경의 스승은 아펜젤러와 언더우드와 헐버트와 게일이었습니다.

　바로 양화진 외국인선교사묘지에 가면 만날 수 있는 분들이지요. 헐버트(1863-1949)는 "한글만큼 우수한 글자는 세상에 없다"고 주장하였습니다. 그는 「사민필지(士民必知)」라는 우리나라 최초의 세계지리 교과서를 쓰기도 하였습니다.

　외국인 선교사들은 교회를 세우고, 기독교를 선교할 뿐만 아니라, 학교를 세우고, 병원을 세웠습니다. 정부가 무능한 조선에서 학교를 세우고 병원을 세우는 외국인 선교사들은 새로운 문명의 전도사로서 대환영을 받게 되고, 기독교는 빠르게 이 땅에 뿌리를 내리기 시작합니다.

　그들은 본국으로 보고서와 편지를 쓰고, 수시로 본국에 돌아가서 순회강연을 하면서 동아시아 문명권의 중심에 있는 Korea라는 나라에 기독교 선교가 이루어지고 있음을, 장차 기독교 나라가 건설되리라는 믿음을 전하면서 후원금을 요청하였습니다.

　그렇게 하여 언더우드는 연세대학교를 세우고, 에비슨(1860-1959)은 세브란스병원을 세웠습니다. 세브란스라는 철강사업으로 큰돈을 번 기업인이 후원을 해주었습니다. 스크랜턴(1832-1909)이라는 여성 선교사는 이화여자대학교를 세웠습니다. 베어드(1862-1931) 선교사는 평양에 숭실대학교를 세웠습니다. 우리가 아는 많은 학교와 병원 가운데 상당수가 이들 외국인 선교사가 세운 것입니다.

캐나다에서 온 선교사 게일(1863-1937)은 성경을 번역하고, 많은 책을 써서 한국을 세계에 소개합니다. 영국에서 온 기자 베델(1872-1909)은 대한매일신보를 창간하였습니다.

평양에서 활동한 여성 의료 선교사 로제타 홀(1865-1951)은 박 에스더라는 최초의 한국인 여성 의사를 길러내고, 의료 선교사 무어(1860-1906)는 백정의 아들 박서양을 의사로 교육시킵니다.

양화진 외국인 선교사 묘지에서 배포하는 영문판 안내 팸플릿에는 이렇게 씌여 있습니다. "The missionaries profoundly influenced Korean society, not only by establishing hospitals and schools, but by affecting its intangible values, thus contributing to the abolition of the class hierarchy in old Korea."

정말 중요한 말입니다. values에는 어떤 것들이 있습니까? 인권, 평등, 자유... 그런 것들이죠. 평등한 인권, 언론의 자유, 그리고 민주주의는 과학 기술 문명과 함께 서양에서 들어온 가치입니다. 그것은 외국인 선교사들이 이 땅에 가지고 온 선물입니다. 이동휘와 이승만과 주시경과 안창호 등 당시의 청년들은 그 가치를 솜이 물을 빨아들이듯 받아들이고, 이 땅에 민주공화국을 건설할 꿈을 가지게 되었습니다.

그리고 1898년 서울 종로와 평양 쾌재정에서 열린 만민공동회에서 스물 세 살의 이승만과 스무 살의 안창호는 연설하면서, 그 꿈이 바로 민중의 꿈이라는 사실을 느끼고 확신하게 됩니다. 그들 청년들이 대중적인 지도자로 떠오릅니다. 그렇게 시작된 새 역사는 지난 124년 동안 장엄하게 흘러 마침내 우리나라는 유럽 문명과 동아시아 문명이 만나서 융합하는 멋진 나라가 되었습니다.

우리는 태평양을 건너서 이 땅에 민주공화국의 꿈을 가져다준 미국과 캐나다 선교사들에게 감사를 드립니다. 저는 기독교인이 아닙니다만, 양화진 외국인선교사묘지에 갈 때마다 정말 깊은 감동을 받습니다. 아마 여러분도 가보시면 무어라 형언할 수 없는 감동이 온몸을 감싸는 것을 느끼실 겁니다.

오늘은 여기까지 하겠습니다. 감사합니다.

## 제2강 : 안창호, 민주공화국의 설계도를 그리다

2022. 3. 24

지난 시간에는 민주공화국의 꿈이 이 땅에 널리 퍼진 1898년의 만민공동회를 중심으로 이야기를 하였습니다. 오늘은 23년을 건너뛰어서, 그동안 벌어진 여러 가지 일들을 생략하고, 1919년의 3·1운동을 계기로 우리 조상들이 처음으로 민주공화국의 꿈을 설계도로 그리고 가건물(임시정부)까지 지어보았던 이야기를 하려고 합니다.

### 세계를 향한 시위, 3·1운동

3·1운동을 기획한 사람들이 많습니다. 제1차 세계대전이 끝나자 미국에서 활동하던 독립운동가들도 움직이고, 도쿄 유학생들의 2·8독립선언의 영향으로 송진우(1890-1945) 등이 중앙학교 숙직실에서도 모의하였지만, 역시 상해에서 활동하던 여운형(1886-1947)이 신한청년당을 급조하여 그 대표로 김규식(1881-1950)을 파리강화회의로 파견하고 이를 뒷받침하는 만세 시위를 국내에서 조직하려고 한 것이 가장 두드러진 기획이라고 할 수 있겠습니다.

1919년 2월 1일 상해를 출발하여 3월 13일에 파리에 도착한 김규식이 파리강화회의에서 활동을 하려면 조선 사람들이 독립을 원한다는 사실을 세계인들에게 보여주어야만 했습니다. 그러면 왜 비폭력 평화시위를 그토록 강조했는가? 물론 전술적으로도 대중의 참여를 이끌어내고 도덕적 우위를 주장하기 위한 점도 있었지만, 선진국 사람들에게 우리도 문명인(文明人)임을 과시하려는 의도가 있었던 것 같습니다.

마침내 당시에 200만의 교도를 가진 최대의 세력인 천도교의 교주 손병희가 나섭니다. 그래서 기독교에서 이승훈(1864-1930)을 비롯한 16명, 천도교에서 손병희(1861-1922)를 비롯한 15인, 불교에서도 한용운(1879-1944)과 백용성(1864-1940) 두 사람이 참여합니다. 천도교의 최린(1878-1958)은 당대 최고의 글쟁이 최남선(1890-1957)에게 독립선언서의 기초를 부탁합니다.

그런 노력들이 하나로 모여서 우리가 아는 대로 1919년 3월 1일 이후 두 달 동안 전국 방방곡곡에서 수백만이 참여하는 만세운동이 벌어집니다. 벌써 3월 1일 평양, 원산, 안주, 의주, 선천, 진남포. 3월 2일 개성 등 평안도와 함경남도 등 기독교 또는 천도교 세가 센 도시에서는 서울과 거의 동시에 만세운동이 벌어집니다. 그리고 연이어 전국 각지로 펴져나갑니다.

참여 인원은 총독부의 통계로는 106만 명이라고 되어 있지만, 실제로는 200만 명 이상으로 추산되고, 검거된 사람은 26,713명, 사망자는 553명이라는 것이 총독부 통계이지만 더 많을 것으로 추측되고 있습니다.

시골 장날에 울려 퍼진 "대한독립 만세!"는 사실일까요? 아닙니다. "조선독립 만세!"가 일반적이었습니다. '대한'이란 말은 널리 민중 속에 파고들지 못하고 여전히 조선이라는 말이 더 흔히 쓰였습니다. 「기미독립선언서」에서도 "아 조선의 독립국임과 아 조선인의 자주민임을 선언하

노라!"라고 되어 있습니다.

어떤 사람은 33인의 민족대표가 태화관으로 도망갔다고 하는데, 멀리 간 건 아닙니다. 파고다공원에서 태화관은 300미터쯤 떨어져 있습니다. 다만 민족대표 33인이 군중 시위를 책임지고 직접 이끌지 않았다는 점은 분명합니다. 해주 출신의 서른세 살 청년 정재용(1886-1976)이 독립선언서를 낭독하였습니다. 그리고 만세 운동 시위는 연희전문학교나 보성상업학교 등의 학생들이 앞장을 섭니다.

그러면 학생들을 비롯한 시위대는 어디로 갔습니까? 시위대는 아무데나 목적지가 없이 서울 시내를 휘젓고 다닌 것이 아닙니다. 바로 미국 영사관을 향해서 행진해갔습니다. 그리고 다시 프랑스 영사관으로 갔습니다. 물론 총독부로도 행진해갔고요. 왜 그랬을까요?

우리가 잘 알고 있듯이 제1차 세계대전 이후 세계 질서를 세우기 위한 종전 회담이 프랑스 파리에서 열리고 있었기 때문이고, (제1차 세계대전에 뒤늦게 참전하여 전쟁을 끝내는데 큰 역할을 하고, 이제 세계 최강대국으로 떠올라 회담을 주도하는) 미국의 대통령 우드로 윌슨(1856-1924)이 민족자결주의를 내세웠기 때문입니다.

3·1운동은 세계인을 향한 호소였습니다. 우리는 독립을 원한다는 것을, 그리고 질서 있는 행동으로 독립할 능력이 있다는 것을 보여주는 시위였습니다.

곽종석(1846-1919)을 수장(首長)으로 하는 유림은 함께 하자는 한용

운의 권유를 거부합니다. 위정척사파의 세계관을 크게 벗어나지 못한 유림(儒林)은 아마 기독교와 천도교가 주도하는 만세운동에 하위 파트너로 참여하기 어려운 정서를 가지고 있었을 것입니다.

하지만 그들이 낮추어보던 천도교와 기독교가 연합한 만세운동에 민중이 열광적으로 참여하는 것을 본 유림은 뒤늦게 이른바 파리장서(巴里長書)라고 하는 독립탄원서를 137명이 서명하여 김창숙(1879-1962)으로 하여금 상해로 나가서 만국평화회의에 우송하도록 하였습니다. 장충단공원에 가면 파리장서운동 기념비가 있습니다.

그러면 천주교는 왜 만세운동에 참여하지 않았는가요? 천주교는 개신교보다 훨씬 먼저 들어왔습니다. 주로 프랑스 출신 신부들이 한국에 전도를 했습니다. 천주교는 여러 차례 심한 탄압을 받고 많은, 1만 명 이상의 순교자를 낳았습니다. 우리나라 전역이 가톨릭 순교 성지입니다. 로마 교황청이 조상의 제사를 지내도 좋다고 허락하였다면 이렇게 많은 순교자를 만들지 않았을지도 모릅니다.

뒤늦게 교황청이 한국 교회에 지시를 내립니다. 조상의 제사를 지내는 것은 우상 숭배가 아니다. 그리고 조선왕국이든 일본 총독부든 현실 권력과는 충돌하지 말라고 지시합니다. 가톨릭은 독립운동에 참여하지 않습니다. 그래서 가톨릭 신자였던 장면(1899-1966) 총리 같은 분들이 나중에 친일시비를 겪지만, 그것은 개인적인 일탈이라기보다는 가톨릭의 방침이었습니다.

## 새로운 세대의 등장과 흔들리는 독립운동의 기본노선

독립운동에는 새로운 세대가 흡사 밀물처럼, 홍수처럼 밀려듭니다. 박헌영(1900-1955), 조봉암(1899-1959)을 비롯한 수많은 청년들이 독립운동에 뛰어 듭니다. 게다가 이들은 바로 민족운동과 사회운동을 결합하는 새로운 인식으로 무장하여 노동운동과 농민운동, 여성운동을 전개하니 대중과의 결합이 크게 강화되었습니다. 국내의 독립운동은 거의 이들에 의해 장악되었습니다. 이 새로운 세대를 저는 '3·1운동의 아이들'이라고 부릅니다.

조봉암 선생이 쓴 자서전을 보면 3·1운동에 참여하여 옥살이를 하고 난 후로 완전히 새로운 사람이 되었다고, 독립운동에 일생을 바치기로 결심하게 되었다고 술회하고 있습니다. 이는 박헌영도 마찬가지입니다.

이들의 등장으로 우리나라 독립운동은 폭발적으로 세력이 커지고, 이념도 다양해지고, 대중과의 결합도 높아집니다. 하지만 동시에 독립운동의 기본 노선이 흔들리게 됩니다.

새로운 세대는 우리나라 독립운동에 친소 공산주의(프롤레타리아 독재) 노선을 도입하였습니다. 그 결과, 앞 세대가 수립한 독립운동의 기본노선이 크게 흔들리게 됩니다. 해방이 되자 20년대, 30년대의 청년들이 3, 40대 장년이 되면서 시골 마을까지도 좌익이 장악하는 결과를 가져옵니다.

대정 데모크라시와 문화통치 하의 모던 경성에서 청년들은 새로운 사상에 흠뻑 빠져듭니다. 맑스-레닌주의는 한국에서 꽃을 피운 듯 보였습니다. 민족운동은 사회운동과 결합이 되고, 함께 가야 한다고 이구동성으로 이야기 하였습니다. 민족 해방이 계급 해방과 함께 이루어져, 독립된 나라는 신분과 계급의 차별이 없는 나라가 되기를 바라는 청년들의 순수한 꿈이 자랍니다. 동시에 독립운동 내부에 치열한 좌우 갈등을 불러오기도 하는데요, 사실은 이승만으로 대표되는 앞 세대와의 갈등입니다.

바로 이 두 세대를 동시에 친구로 삼아 만민공동회와 3·1 만세운동이 일어난 바로 그 경성 종로거리에서 노는, 유머 넘치는 이야기꾼 할아버지가 지난 시간에 이야기한 월남 이상재 선생이었습니다. 제가 개인적으로 사표(師表)로 삼아 닮으려고 노력하는 분입니다. 아들 세대와 손자 세대를 동시에 친구로 삼아 인생 마지막 시기를 행복하게 잘 놀다간 할배, 제가 아는 사람으로는 공자와 소크라테스와 이상재 선생입니다.(웃음)

여러분, 독립협회가 독립문을 세우고 독립신문을 창간할 때, 독립은 무슨 뜻이었던가요? 지난 시간에 제가 말씀드렸지요? 번속국(藩屬國)이 아닌 나라, 독립국을 세우자는 독립은 중국으로부터의 독립을 뜻하는 것이었습니다. 조선왕국은 명나라와 청나라의 번속국이었습니다.

국사 선생님들이 자꾸 이 이야기를 빼먹는데요, 부끄러운 역사라고 쉽게 지우면 안 됩니다. 사실 중국이라는 지구상에서 가장 큰 나라 바로 옆에 있다는 지정학적인 특수성이 우리나라에게는 하나의 숙명(宿命)입니다.

지도를 펴놓고, 원나라 이후 중국의 수도였던 북경과의 거리를 베트남이나 티베트와 한반도를 비교해보십시오. 중국의 입장에서 보면 한반도는 자국의 심장부에 너무 가까이 있는 외국입니다. 가만히 내버려 둘 수가 없지요. 그렇게 본다면, 우리나라가 고유문화를 보존하고, 형식적으로야 번속국이든 뭐든 실질적으로 독립국의 지위를 유지한 것만 해도 대단한 것입니다.

고려는 원나라에 끈질기게 저항하다가 굴복하기를 반복하여 겨우 명맥을 유지했지만, 조선은 처음부터 사대외교로 대처하기로 작정하였습니다. 말기 고려의 원과의 관계를 이어받는 것이기도 하지만, 이번에는 자진하여 명의 번속국을 자처하면서 중화 질서 속에서 안전을 보장받으려는 외교 노선인데요, 충분히 납득이 갑니다.

영은문(迎恩門)은 바로 그 사대주의의 상징인데, 그것을 무너뜨리고 그 자리에 세운 것이 독립문입니다. 독립하자는 이야기입니다. 그런데 실은 중국 바로 옆에서 독립을 유지하려면 엄청나게 강한 나라가 되어야 합니다.

똘똘 뭉친 전체주의 독재국가든지, 아니면 자유시민이 국민개병주의(國民皆兵主義)로 지키는 민주공화국이든지, 그러니까 지금 조선민주주의인민공화국같은 신정국(神政國)이든지 아니면 대한민국 같은 민주공화국이라야 하는 겁니다. 좀 억지로 비유하자면 페르시아 제국 옆에 스파르타 같은 나라와 아테네 같은 나라가 되어야 독립을 유지할 수 있는 것입니다.

19세기 말, 우리 조상들은 원교근공(遠交近攻)의 오랜 외교 전략에 따라 미국과 친하여 우리나라와 국경을 인접하고 있는 러시아, 중국, 일본이라는 강대국들 사이에서 독립을 유지하자고 결의합니다. 그리고 민주공화국을 만들고자 합니다. 고종을 비롯한 왕족과 귀족들이 맥없이 자멸하여 나라를 일본에 팔아먹자, 이제 민주공화국을 만드는데 내부적인 장애는 없어졌습니다.

조선 왕족들과 일부 권문세도가는 일본의 귀족으로 편입됩니다. 그래서 3·1운동이 일어나고 임시정부가 만들어질 때, 아무도 조선 왕조를 부활하자는 이야기를 안 꺼냅니다. 마침 위정척사파의 유교 쪽에서 3·1운동 참여를 거부하였으니 더욱 그런 이야기를 꺼낼 사람은 아무도 없었습니다.

**안창호, 민주공화국의 설계도를 그리다**

3·1운동이 전국으로 확대되는 가운데 여러 종교 지도자들 사이에서는 임시정부 수립이 논의되기 시작하였습니다. 그리고 1919년 4월 2일, 인천 만국공원에서 홍진 등 13도 대표들이 회의를 하였습니다. 거기서 국민대회를 열어서 임시정부를 구성하기로 결의가 되었습니다. 작년에 인천의 구도심의 자유공원(만국공원)을 가보았습니다. 거기 조그만 기념비가 있었습니다.

하지만 일제 당국이 국민대회를 추진하던 인사들 270여명을 체포 구속하면서, 국민대회는 성사되지 못하고, 4월 23일 임시헌법과 정부 각원 명단이 들어있는 유인물이 수천 장 경성 시내에 뿌려졌습니다.

해외에 나가있는 주요 정치 세력의 대표자들을 망라한 임시정부를 구

성하여 이들이 정식으로 의회가 구성될 때까지 독립운동의 지도권을 행사해 줄 것을 제안한 것입니다. 한성정부의 이름은 '대조선공화국임시정부'라는 것이 유력한 설이지만 분명하지는 않습니다. 그래서 그냥 '한성정부'라고 부릅니다.

여기서 집정관 총재로 이승만이, 국무총리 총재로 이동휘가 지명되었습니다. 내무부총장 이동녕(1869-1940), 외무부총장 박용만(1881-1928), 재무부총장 이시영(1868-1953), 교통부총장 문창범(1870-1934), 학무부총장 김규식, 노동국총판 안창호 등입니다. 전부 해외에 나가 있던 독립운동가들입니다.

앞서 4월 11일 상해에서 '대한민국임시정부'가 만들어집니다. 그리고 또 그보다 앞서서 2월 25일 연해주 니콜스크-우수리스크에서 대한국민의회가 조직됩니다. 의장 문창범, 선전부장 이동휘, 외교부장 최재형(1860-1920) 등으로 대표단을 짰습니다.

이들 세 임시정부를 통합하여 상해에서 임시정부를 만드는 일을, 미국에 있던 안창호 선생이 1919년 5월 25일 상해로 와서 하게 됩니다. 한성정부를 가장 정통성 있는 정부로 인정하고, 한성정부의 각원 구성을 그대로 추인하는 원칙으로 세 정부를 합치려고 노력합니다.

안창호의 노력으로 1919년 11월 3일 국무총리 이동휘, 내무총장 이동녕, 법무총장 신규식(1879-1922), 재무총장 이시영, 노동국 총판 안창호가 취임식을 거행하면서 통합정부가 출범합니다. 당시의 임시정부 직원 61명의 3분의 2가 넘는 48인이 평안도 출신, 이른바 서북파였습니다. 직급은 낮았지만, 사실상 안창호 선생이 주도하는 형세였습니다.

1920년 12월 5일에는 대통령 이승만이 상해로 와서 업무를 보기 시작하였습니다. 하지만 1921년 1월말 국무총리 이동휘가 사임하고 4월 김규식이 사임하고 5월에는 안창호가 사임하자 이승만은 1921년 5월 29일 하와이로 돌아가고 맙니다. 삼각정부의 붕괴라고 할 수 있습니다.

1919년 11월 3일부터 1921년 1월말까지 15개월의 기간이 통합상해 임시정부의 전성기라고 할 수 있겠습니다. 임시정부가 영향력과 권위에서 가장 크고 높은, 절정에 이른 기간이었습니다.

 이 사진은 이승만 대통령을 환영하는 자리인 것 같습니다. 꽃다발을 목에 건 이승만 좌우에 이동휘와 안창호 두 분이 섰습니다. 상해임시정부 하면 떠오르는 김구 선생이 왜 안 보이시냐구요? 김구 선생은 이 때 경무국장이었습니다. 아마 세 지도자들의 경호를 담당하고 있었겠지요.

**통합임시정부의 세 지도자**

 전성기 통합임시정부의 세 지도자는 이동휘(1873-1935), 이승만(1875-1965), 안창호(1878-1938)인데요, 세 분이 어떤 분들인지 잠시 보겠습니다. 세 사람은 출신 배경이나 지역, 개성이 매우 달랐습니다. 흔히 이동휘는 현실타파의 혁명가, 이승만은 권력 지향의 정치가, 안창호는 조직 관리에 능한 조직가로 대비되기도 합니다. 이동휘는 용장(勇將),

이승만은 지장(智將), 안창호는 덕장(德將)이었지요.

이동휘는 함경남도 단천 아전의 아들입니다. 3·1운동 후에 발표된 여러 임시정부 안(案)에서 이동휘와 이승만이 엇갈려가며 국가원수로 추대되었습니다. 물론 본인이 구한말의 군인으로 출세를 해서 참령(參領) 계급에 이르고 강화진위대장을 하기는 했지만, 그러나 조선왕국이 망한지 얼마 되지 않는 시점에 아전의 아들이 국가원수로 추대되다니 엄청난 이야기입니다.

저는 이 대목에서 전율을 느낍니다. 그리고 정말 우리나라 독립운동의 위대함을 느낍니다. 나중에 백범 등 독립운동하는 어른들이 청년들에게 "독립운동을 해서 새나라의 양반이 되자"고 설득하지만, 이동휘, 이승만, 안창호를 비롯하여 많은 독립운동가들이 이미 독립운동을 하여 새나라의 양반이 되었습니다.

이동휘는 상대적으로 가장 친 러시아 적이고, 친 고종적인 경향이라고 평가됩니다. 그리고 군인 출신으로서 무장투쟁을 중시하는 입장입니다. 국내에서 활동할 당시에는 기독교인이었지만, 망명하여 연해주를 중심으로 활동하다보니, 러시아혁명 후에는 친공산당의 입장으로 한인사회당을 조직하기도 합니다. 이런 입장이 대통령 이승만과 많이 달라서 충돌하게 됩니다.

이승만은 몰락 양반의 아들입니다. 나중에야 무슨 왕족의 후예라고도 칭하지만 젊은 시절의 본인은 거의 그런 의식이 없었다고 생각됩니다. 청년 시절에는 구시대의 왕실이나 권문세가에 대한 반감이 컸던 것 같습니다. 그가 미국 유학을 하고 박사 학위를 받고 나서 1910년 귀국하였을 때, '나라가 없어진 것은 슬프지만 왕, 양반, 상투가 없어진 것은 시원하다"라고 말했다고 합니다.

1897년 7월 8일 정동에 새로 지은 감리교회 예배당에서 배재학당 졸업식이 열렸는데, 거기서 이승만이 졸업생을 대표해 '한국의 독립(Independence of Korea)'이라는 제목으로 영어 연설을 하였는데, 참석한 청중들이 놀라고, 외국 선교사들과 외교관들이 그를 미래의 지도자로 점찍게 됩니다.

안창호는 평남 강서의 평범한 농민의 아들입니다. 그야말로 '평안도 상놈'입니다. 지난 시간에 말씀드린 평양 쾌재정 만민공동회 연설은 스무 살의 그를 일약 스타로 만듭니다. 1902년 미국으로 건너가서 샌프란시스코 등에서 활동하다 1907년 돌아왔다가 다시 1911년에 다시 미국으로 가서 1912년 대한인국민회중앙총회 회장에 취임합니다. 그는 재미 동포 사회의 지도자가 됩니다.

안창호 선생은 게으르고 비위생적이며, 거짓말 잘하는 조선 사람들을 부지런하고 깨끗하며, 약속 잘 지키는 신한국인(新韓國人)으로 거듭나게 하고자 애를 썼습니다. 그는 거짓말로 나라가 망했다고 생각하여 죽어도 거짓말을 하지 않겠다고 맹세합니다. 또 시간 약속 지키는 것을 매우 중요하게 생각합니다.

도산은 항상 "힘을 기르소서, 힘을 기르소서!"라고 연설하였습니다. 비분강개하여 준비 없이 투쟁을 외치는 사람들을 경계하였습니다. 이동휘와는 다른 점이 있었습니다. 하지만 안창호와 이동휘는 조선왕국이 망하는 1910년 전후에 서북학회와 비밀결사 신민회를 함께 한 동지 사이입니다. 나중에 이동휘는 한인사회당을 만들고, 안창호는 흥사단을 조직합니다. 전위조직인 셈입니다.

또 이런 말도 있습니다. "안창호는 서북파의 스승이고, 이승만의 기호파의 황태자다." 예를 들면 이광수는 안창호를 아버지로 생각했습니다. 그러면 황태자 이승만을 보호한 것은 누구인가, 바로 지난 시간에 말씀드린 월남 이상재 선생입니다. 박사 학위를 받은 이승만으로 하여금 1910년 10월부터 1912년 3월까지 15달 동안 국내에 들어와서 YMCA 조직망을 따라 전국으로 강연을 하고 다니게 한 것은 이상재 선생이었습니다.

이승만에게는 운(運)도 따랐습니다. 마침 그가 박사 학위를 받은 프린스턴 대학교 총장 우드로 윌슨이 미국 대통령이 되고, 파리강화회의를 주도하면서 민족자결주의를 내걸자 한국인들은 그에게 큰 기대를 걸고, 그를 대통령으로 추대한 것입니다.

4월 11일의 상해임시정부 임시헌장에서는 제1조에 "대한민국은 민주공화제로 한다"라고 하고, 9월 11일 제정한 통합임시정부의 임시헌법에서는 "제1조 대한민국은 대한인민으로 조직한다. 제2조 대한민국의 주권은 대한인민 전체에 있다."라고 규정하였습니다. 그리고 입법, 행정, 사법의 3권 분립을 명시하였습니다. 민주공화국의 설계도를 그리고, 남의 땅 상해에다 임시정부라는 가건물이라도 지어본 것입니다.

오늘의 제 이야기는 여기까지입니다.

## 제3강 : 좋은 유전자를 갖고 태어난 사생아

(2022. 3. 31)

첫 시간에는 조선왕국 청년들의 마음에 민주공화국의 꿈이 피어난 1898년 만민공동회를 이야기하고, 두 번째 시간에는 식민지 조선 청년들이 민주공화국의 설계도를 그린 1919년 3·1운동을 이야기하였습니다. 세 번째 시간, 오늘은 드디어 1948년 이 땅에 민주공화국 대한민국을 세운 이야기를 하겠습니다.

**제2차 세계대전과 대한민국의 탄생**

1945년 8월 15일 영원할 것 같던 '대일본제국'이 무모한 세계대전을 일으켰다가 패망하고, 우리 민족은 해방을 맞이하게 되었습니다. 드디어 민주공화국을 이 땅에 세울 기회가 온 것입니다. 하지만 혼란의 3년 해방 정국을 거쳐서 건국된 대한민국은 '반쪽짜리' 나라였습니다.

게다가 자랑할 만한 건국 신화도 없습니다. 실은 일제를 우리 스스로의 힘으로, 자력(自力)으로 몰아내지 못하고, 미·영·소를 비롯한 연합국 수천 만 젊은이들의 희생으로 반파쇼 세계대전이 승리로 끝나면서 해방되었으며, 건국 과정에서도 남의 힘을 빌려야만 했습니다. 부끄러운 점이 없지 않습니다.

그리고 국내에 살던 2,500만의 우리 민족 가운데는 살벌한 전시체제에서 어쩔 수 없이 제2차 세계대전 기간 일제 편에서 참전하거나 지원, 협조한 사람들도 많았습니다. 그래서 지도층 인사들, 엘리트 중에서 친일 시비에서 자유로운 사람이 많지 않았습니다. 그래서 대한민국을 미군정과 친일파의 야합으로 탄생한 사생아(私生兒)로 보는 시각도 있습니다.

저는 이 시각을 전적으로 부인하지 않습니다. 하지만 "사생아라고 해서 좋은 유전자를 갖고 태어나지 말라는 법은 없다, 공자도 사생아였다."라고 저는 말씀드립니다. 보기에 따라 대한민국은 사생아였습니다, 하지만 좋은 때에 좋은 사주팔자를 갖고, 좋은 유전자를 갖고 태어났습니다. 그것이 제 주장입니다.

좋은 때란 무엇을 말합니까? 그것은 제2차 세계대전이 영미(英美)를 중심으로 하는 반파쇼연합전선 측의 승리로 끝난 직후라는 사실을 말합니다. 인류가 그토록 많은 희생을 치른 만큼 이제는 전쟁이 없고, 전체주의와 제국주의가 없는 새로운 세계질서를 만들자는 꿈과 이상이 전 세계 젊은이들의 마음에 흘러넘칠 때였습니다.

코리아(Korea)라는 미지의 땅에 진주한 미군의 청년 장교들 중에도 그런 이상주의자들이 많았습니다. 이른바 미국의 리버럴(liberal) 진보파들이죠. 당시에는 '루스벨트의 아이들'이라고 부르기도 했습니다.

미국 역사에서 가장 진보적인 프랭클린 루스벨트 대통령이 돌아가시면서 그 자리를 물러 받은 트루먼 대통령의 행정부 역시 이상주의자들로 가득 차 있었습니다. 그들은 아시아에서도 민주주의 나라를 세우고 싶어 했습니다.

UN의 역할과 도움도 있었습니다. UN에는 파시즘과 나치즘을 피하여 미국으로 망명한 유럽 여러 나라의 자유주의자, 사회민주주의자들이 참여하였습니다. 그들이 우리나라에 UN 한국임시위원단으로 들어와서 활동하였습니다. 그 분들이 선거법을 만들고 제헌국회 구성을 위한 총선거를 감시하였습니다.

1948년 5월 10일, 제헌국회의원 선거에는 90%를 넘는 투표율을 보여서 UN 감시단이 깜짝 놀랐습니다. 전 국민이 참여하는 제헌국회 선거를 하고, 헌법을 제정하고, 정부를 구성하고 마침내 UN이 승인을 하였습니다. 그것이 대한민국입니다. UN이 만들었기 때문에 나중에 한국전쟁이 벌어지자 바로 UN이 군대를 보낸 것입니다.

저는 대한민국은 UN의 이상에 따라 만들어진 나라라는 사실이 전혀 부끄럽지 않고, 자랑스럽습니다. UN에서 「세계인권선언」이 채택되던 때에 대한민국도 승인되었습니다. 그래서 저는 대한민국이 좋은 때에 태어났다, 사주팔자가 좋다고 말하는 것입니다.

여성에게 투표권이 주어진 것은 세계에서 결코 늦은 편이 아닙니다. 모든 국민에게 평등한 권리가 주어지는 가장 진보적인 민주주의 나라로 태어난 것입니다.

우리나라 사람들에게는, 우리가 대단하지 않게 생각하는 일본에게 식민 지배를 당한 데 대하여, 그 사실을 인정하고 싶지 않은 심리, 열등감, 그리고 우리 힘으로 일제를 몰아내고 건국하지 못했다는 콤플렉스가 심합니다. 그러나 이제는 그런 열등감에서 벗어날 때도 되었습니다.

보다 넓은 시야로 바라보면, 근대화와 산업혁명에 뒤처진 나라와 민족이 식민 지배를 겪어야 했던 것은 우리만의 일이 아니었습니다. 특별히 부끄러워 할 일도 아닙니다. 또 제2차 세계대전으로 제국주의의 시대가 끝나면서 비로소 세계의 많은 나라와 민족들이 독립을 했습니다.

다만 우리는 제2차 세계대전에서 독일 나치즘, 이탈리아 파시즘, 일본 군국주의와의 싸움에서 목숨을 바치고 피를 흘린 전 세계 수 천만 청년들에게 감사해야 할 줄로 압니다. 그들의 희생 덕에 우리는 해방되었습니다.

역사는 사실 그대로 인정하고 가르쳐야 합니다. 그래야 역사에서 교훈을 얻을 수 있습니다. 남 탓보다는 자기 탓을 해야 합니다. 바로 그것이 성숙한 세계시민, 선진국 사람이 되는 길입니다.

**농지개혁에 성공한 나라**

우리나라가 기적적으로 발전한 이유가 무엇인가요? 박정희(1917-1979) 대통령을 비롯한 정치가들의 리더십이다, 남덕우(1924-2013), 김재익(1938-1983) 같은 경제 관료들의 공이 크다, 정주영(1915-2001)과 이병철(1910-1987) 같은 기업가들이 많았기 때문이다, 여러 가지 이야기들이 있습니다. 하지만 저는 가장 근본적인 원인은 우리 국민 모두가 열심히 일하고 열심히 공부했기 때문이라고 봅니다.

그러면 국민 모두가 이렇게 열심히 일하고 열심히 공부하게 된 이유는 무엇인가요? 바로 농지개혁에 그 해답이 있습니다. 아르헨티나가 한때 부국이었고, 브라질은 천혜의 자원을 가진 나라이고, 필리핀도 우리나라보다 잘 사는 나라였습니다. 그런데 그런 나라들의 대농장, 라티푼디움 농장주의 자식은 열심히 공부할 필요가 없습니다. 그 농장에서 일하는 농업노동자의 자식은 열심히 하고 싶어도 할 수가 없습니다.

새나라 대한민국의 주인으로서 자영농이 얼마나 열심히 일했는지, 여기 생생한 증언(證言)을 보십시오. 자녀들이 세운 어느 평범한 부부의 묘비입니다. 전남 장흥군 관산읍 성산리 길가에 있는 작은 무덤에서 제가 찍은 사진입니다.

이 비문에 따르면 1921년생 주학동은 1923년생 윤우례와 결혼하여 슬하에 5남 4녀를 두었습니다. 이 부부는 "손금이 다 닳도록 밤낮을 가리지 않고 일해서 5남을 모두 대학 교육을 시켰습니다." 9남매가 본 부모의 모

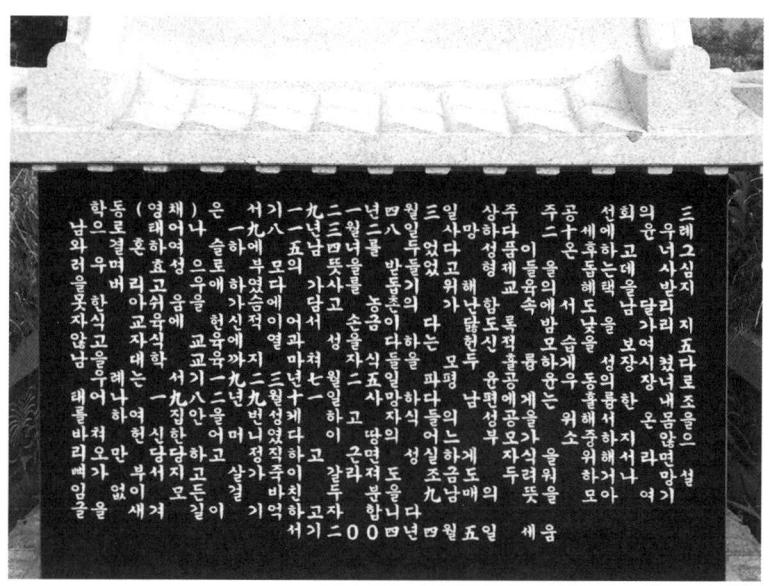

습은 "당당하고 정직하고 근면 성실하게 자식을 위해서라면 뼈가 부서지고 살가죽이 갈라져도 조금도 두려워하거나 망설임 없이 모든 것을 바치는" 그런 부모였습니다. 저는 바로 이 부모와 이 자녀들이 대한민국 기적의 주역이라고 생각합니다.

2009년에 소를 주인공으로 한 「워낭소리」라는 독립영화가 화제가 되었습니다. 관객이 300만 명이나 되었다고 합니다. 그 영화에 나오는 소의 주인 최원균(1929년생) 옹도 바로 농지개혁으로 자영농이 되어 조그만 땅뙈기에서 농사지어 9남매를 키워낸 사람인데, 경북 봉화 사람입니다. 전국 어디서나 들을 수 있는 이야기입니다. 여기 제가 그래프를 하나 복사해 왔습니다.

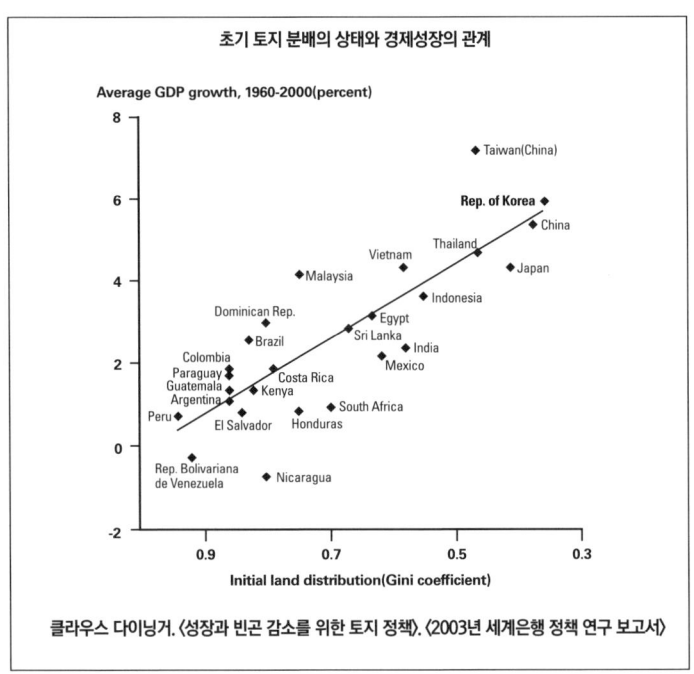

세계은행에서 학자들에게 조사를 의뢰했습니다. 학자들이 아시아와 라틴 아메리카의 26개 나라에 대하여 1960년 시점의 토지 분배의 상태와 그 후 40년 동안의 평균 경제 성장률의 관계를 조사해보았습니다. 그랬더니 이런 그림이 나오더라는 것입니다.

한국은 1960년 시점에 토지 분배가 가장 고루 되어 있는 나라였고, 그 후 40년 동안의 경제 성장률이 두 번째로 높은 나라였습니다. 아르헨티나와 베네수엘라 같은 라틴 아메리카 여러 나라들이 좌하단 구석에 있습니다.

이렇게 중요한 농지개혁을 이루는 데는 물론 여러 세력과 사람들이 힘을 모았습니다. 중국대륙의 공산화, 북한과 북베트남의 공산화가 이루어지고 있는 절박한 시점이었기 때문에 미국 국무부가 판단을 했습니다. 일본과 타이완과 남한에서 농지개혁을 하지 않으면 아시아가 다 공산당의 손에 넘어간다고 말입니다.

하지만 우리나라에서 농지개혁이 그렇게 빨리 순조롭게 이루어진 데는 우리 지도자들의 결단과 리더십이 있었습니다. 이승만 대통령은 말할 것없고, 조봉암 초대 농림부 장관, 그리고 미군정의 집권 여당이자, 제헌국회의 제1야당, 한민당의 당수 김성수 선생의 결단이 있었습니다.

**건국의 아버지들**

우리가 행복한 삶을 누리는 이 좋은 나라를 만들어주신 조상들, 건국의 아버지들에게 감사하는 것이 당연합니다. 누릴 건 다 누리면서 조상들에게 감사하지 않으면 배은망덕(背恩忘德)한 무리가 되지 않겠습니까?

우리가 감사할 분들은 실은 무척 많습니다. 우리 앞 세대 조상들 모두가 감사해야 할 분들입니다. 특히 그 중에서도 다섯 지도자를 기억해야 한다고 저는 생각합니다. 이승만(1875-1965), 김성수(1891-1955), 신익희(1894-1956), 조봉암(1899-1959), 그리고 조만식(1883-1950) 선생이 그들입니다.

1948년 건국 시점에 이승만은 74세, 조만식은 66세, 김성수는 58세, 신익희는 55세, 막내 조봉암은 50세로서 가장 연세가 많은 이승만보다 24살 어린 사람이니 아들 뻘입니다.

여기서 가장 중요한 두 분은 이승만과 김성수입니다. 모든 쟁점은 이화장과 인촌 사랑방에서 조정되었습니다. 한민당 사람들이 미군정의 행정을 사실상 책임지고 있었으니, 당연히 인촌 사랑방에서 조정이 되었습니다. 그래서 가장 대중적 지지가 높았던 이승만과 조직된 전문가와 엘리트 집단을 대표하는 김성수, 이 두 분이 모든 문제를 조정하는 중심에 설 수밖에 없었습니다.

하지만 미국 사람들은, 새롭게 출발하는 한국의 민주정부가 보다 넓은 기반 위에 서야만 정통성을 가질 수 있다고 보았습니다. 그래서 임정(한독당) 계에서 실력 있고 야심만만한 신익희에게 특별히 권유하고, 공산당 계의 고참 지도자이면서 비주류로 밀려나있는 조봉암에게 고급 정보를 제공하면서 설득하니, 두 분은 과거의 동지들과 결별하고 대한민국 건국에 참여하신 것입니다.

신익희와 조봉암은 물론 과거의 동지들로부터는 배신자 취급을 받았지만, 역사는 그 분들의 선택이 옳았음을 보여주고 있습니다. "우리와 손잡고 진정한 민주공화국을 만들어보라"는 미국 사람들의 권유를 받아들인 그 분들의 결단으로 대한민국은 거의 모든 독립운동 세력이 참여한 나라가 되었던 것입니다.

신익희가 한독당 서울시당 위원장을 사퇴한 시점과 조봉암이 전향을 한 시점이 같은 1946년 6월이라는 사실은 우연이 아닙니다. 또 이승만 박사의 정읍 발언이 나온 것 역시 1946년 6월이라는 사실도 우연이 아닙니다.

1946년 2월 8일에 소련 군정이 북한에 북조선임시인민위원회를 만들고 그 위원장으로 35살의 김일성(1912-1994)을 올려서 지금까지 77년 동안 계속되고 있는 김일성 정권을 세웁니다. 그리고 북한식 토지개혁을 시작하였습니다.

그러니까 이미 소련, 북한과는 어떤 협상도 무의미하게 된 것입니다. 이 분들의 판단이 옳았고, 그런 판단을 도운 미국 정보기관의 역할도 있었다고 저는 생각합니다. 물론 공산혁명을 피하여 월남하여 북한에서 무슨 일이 일어나고 있는지를 전해준 서북인(西北人)들의 역할도 있었고요.

그러면 대한민국 건국에 직접 참여하지 못하고, 평양에 남아 있다가 살해당하신 조만식 선생을 왜 다섯 손가락 안에 넣어야 하는가? 북한에서 반동으로 몰리거나 땅을 잃은 사람들이 100만 명 이상 월남했습니다. 이 분들이 모두 대한민국 건국에 앞장섰는데요, 그 분들을 대표하는 지도자로 조선민주당의 당수 조만식 선생을 넣자는 이야기입니다.

저는 이렇게 다섯 분, 이승만, 김성수, 신익희, 조봉암, 조만식, 이 분들을 중심으로 대한민국 건국의 역사가 다시 쓰여져야 한다고 생각합니다. 이 다섯 분이 다른 견해로 토론도 하고, 다투기도 하고, 협력도 하면서 대한민국을 건국한 이야기는 충분히 아름답고 뜻이 깊고, 극적이고 또 교훈적이라서 후손들에게 가르칠 만한 역사가 될 것입니다.

여기 그림이 있습니다. 하늘에는 우남(雩南)이라는 해와 해공(海公)이라는 달이 떠 있습니다. 죽산(竹山)이라는 동산이 있고, 인촌(仁村)이라는 마을이 있습니다. 마을 한가운데는 고당(古堂)이라는 집이 있습니다. 우남은 '국민의힘'에서, 해공은 민주당에서 조상으로 모십니다. 하지만 두 사람, 해와 달은 허공에 떠있고, 이념이라 할 수 있습니다. 두 분만 모셔

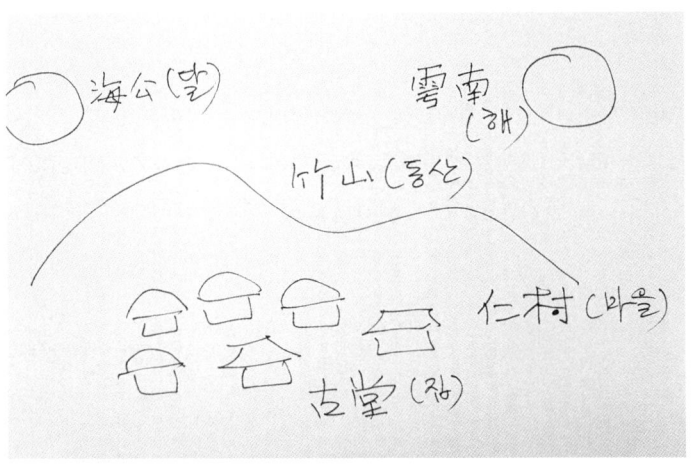

서는 이념의 대립과 갈등을 피할 수 없습니다.

사람이 사는 땅에는 죽산과 인촌과 고당이 있습니다. 만약 우리나라 정당 체제가 실용 중도좌파 정당과 실용 중도우파 정당으로 발전하거나 재편된다면 인촌을 조상으로 모시는 실용 중도우파 정당과 죽산을 조상으로 모시는 실용 중도좌파 정당으로 재편되리라고 봅니다.

인촌과 죽산은 대지주의 아들과 빈농의 아들로서 출신 배경도 크게 다르고, 독립운동 시절의 활동 무대와 경험도 아주 다릅니다. 그런데 뜻밖에도 두 분은 묘하게 서로 통하는 데가 있고, 서로 신뢰를 하였습니다. 그래서 전쟁 이후에 단일 야당운동이 일어났을 때 많은 사람들이 엉뚱한 색깔론을 내세워 죽산을 배제하려고 하였지만, 인촌은 결단코 죽산을 배제하지 말라고 당부하였습니다. 이는 거의 인촌의 유언이 되었습니다.

물론 인촌이 돌아가시면서 그 유언은 지켜지지 않고, 민주당을 함께 하지 못한 조봉암은 결국 진보당을 만들 수밖에 없었습니다. 두 분은 아마 공통적으로 실용중도파이고, 근대인이었기 때문에 진보와 보수를 넘어서 대화를 하고 신뢰를 주고받을 수 있었던 것이 아닌가 싶습니다.

### 대한민국 건국 60년사와 10명의 위인(偉人)

제 이야기, '대한민국의 탄생'은 1898년 만민공동회부터 1948년 대한민국 건국까지 50년의 히스토리였습니다. 1898년 이전 몇 년과 1948년 이후 몇 년을 보탠다면, 동학농민혁명과 청일전쟁, 그리고 갑오개혁이 일어난 1894년 갑오년부터 한국전쟁이 끝나고 제가 태어난 1954년 갑오

년까지 60년의 역사를 이야기하는 셈입니다.(웃음)

저는 이 60년의 역사를 10명의 인물을 중심으로 말씀을 드렸습니다. 첫 시간에는 밭을 갈아엎은 김홍집, 씨를 뿌린 서재필, 싹을 가꾼 이상재를 이야기하고, 두 번째 시간에는 남의 땅에 세운 가건물 임시정부의 세 지도자 무장투쟁론의 이동휘, 외교독립론의 이승만, 실력양성론의 안창호를 이야기하였습니다. 그리고 세 번째 시간, 오늘은 살아남은 이승만이 조만식, 김성수, 신익희, 조봉암과 손잡고 실제로 민주공화국 대한민국을 건국한 이야기를 하였습니다.

이 분들 중에 군인 출신은 서재필과 이동휘 두 분이고, 상인(商人) 출신은 조만식, 기업과 대학의 경영인은 김성수, 관료(官僚)는 김홍집, 학자의 면모도 가진 정치가는 이승만, 종교인 같은 지도자는 안창호 등이었습니다.

이동휘의 무장투쟁론은 조선독립동맹과 조선의용군의 김두봉(1889-1960)과 김무정(1905-1951)이, 그리고 동북항일연군의 김일성(1912-1994)이 이어받지만 중국공산당의 하위 파트너로서 참전하거나 소련의 보호를 받는 처지를 벗어나지 못하고, 유고슬라비아의 티토(1892-1980) 같은 독자성이 없었습니다.

이동휘의 사회주의 흐름은 박헌영(1900-1955)과 경성 콤그룹이 이어받았지만, 가혹한 탄압 하에 성장하지 못하여, 이탈리아 공산당의 그람시(1891-1937) 같은 독립·토착 사상이론가를 낳지 못한 채 결국 스탈린의 지령에 순종하는 수준을 벗어나지 못하였고, 그나마 조선공산당의 비주류 조봉암이 그 정신을 이어받아 초대 농림부장관으로서 농지개혁을 주도하였습니다. 이동휘와 조봉암은 강화도라는 지역 연고를 함께 하니, 인연이 참으로 묘합니다.

하지만 여러분, 박헌영이 쓴 「8월 테제」만큼은 꼭 읽어보시기 바랍니다. 저는 한국 근대사에서는 「조선책략」, 현대사에서는 「8월 테제」가 가장 중요한 문서라고 생각합니다. 「8월 테제」를 읽어보면 20년대, 30년대 식민지 조선의 청년들이 왜 그렇게 많이 공산주의 운동에 뛰어들거나 동조했는지 알 수 있습니다.

그 핵심은 '2단계 혁명론'으로서 매우 논리적이고 현실적입니다. 하지만 박헌영은 「8월 테제」를 쓴 지 얼마 되지 않아서 그 내용을 배반합니다. 박헌영이 그 노선을 지키는 것은 '인민공화국'을 발표할 때까지인지도 모르겠습니다. 오히려 그 노선은 조봉암이 지키고, 박헌영은 소련의 지령을 따릅니다.

대한민국 제헌헌법을 읽어보십시오. 정치 강령 「8월 테제」는 제헌헌법과 일치합니다. 젊은 시절의 초심을 잃은 배신자는 조봉암이 아니라 국제공산주의의 하이어라키 속에서 중간 권력자가 되어 스탈린의 지령을 거역하지 못한 박헌영이라고 저는 생각합니다.

안창호의 실력양성론은 조만식과 김성수가 이어받아 대한민국 건국의 물질적 기초를 제공합니다. 조선왕국 말기 기독교와 근대의 물결이 먼저 들어오고 상업이 발전한 평안도라는 지역과 쌀의 대일 수출로 일제 시대 대자본이 형성된 전라도가 통하니 그 또한 재미있습니다.

이동휘, 이승만, 안창호 세 지도자가 떠난 임시정부 간판은 재정적 어려움 속에 김구(1876-1949) 선생이 간신히 지키다가 1932년 윤봉길(1908-1932) 의거로 존재감을 다소 만회하였지만, 해방정국에서 김구 주석이 결국 대한민국 건국에 참여하지 않은 탓에 아쉽게 되었습니다. 임시정부 내무부장 신익희가 대한민국 건국에 참여하여 제헌국회 의장을 함으로써 그나마 다행입니다.

이승만 대통령이 장기집권을 무리하게 하다가 4·19혁명으로 밀려나고 이른바 '국부(國父)'의 위상을 잃으면서 그 빈자리에 박정희 대통령이 백범을 세우고, 거기다 엄항섭(1898-1962)이 만든 신화(神話)가 역사를 대신하면서 오늘날 대한민국 건국사(建國史)가 수습할 수 없는 혼란에 빠져들게 되었습니다.

이후 이야기는 다음 기회로 미루겠습니다. 경청해주셔서 감사합니다.

# 북한인권과 진보, 그리고 호남

- 북한인권재단 설립 촉구를 위한 대토론회 발제 -

일시 : 2022년 7월 5일
장소 : 전주 새전북신문사 명주골학교

# 북한인권과 진보, 그리고 호남

| 2022년 7월 5일
| 전주 새전북신문사 명주골학교

　벌써 18년이나 지난 일입니다. 2004년 저가 민주노동당 정책위의장을 할 때의 일입니다. 북한인권시민연합이라는 당시의 저로서는 낯선 단체에서 "와서 강연을 한 번 하라. 북한인권에 대한 당신의 생각을 듣고 싶다"고 연락이 왔습니다.

　제가 "전문 지식이 없다"는 이유로 사양을 하였더니, 1970년대부터 국제사면위원회(엠네스티) 한국 지부장을 하신 윤현(1929-2019) 선생님이 이사장으로 활동하시는 단체라고 소개하면서 거듭 초청의 뜻을 전해 주셨습니다. 저는 한참 고민하다가, 응하였습니다.

　그런데 북한인권시민연합에서 제 나름의 소박한 생각을 밝히고 돌아온 다음 날, 민주노동당 최고위원회는 저를 향한 구성원 모두의 성토의 장이 되었습니다. 이른바 NL 성향이라고 불리던 최고위원들 뿐만 아니라, PD 계열이라는 최고위원들도 모두들 저를 비판하면서 사과를 요구하였습니다.

당시 민주노동당 최고위원들의 인식에서 북한인권운동은 순수한 시민운동이 아니고, 미국 CIA의 자금과 지원을 받아서 북한 체제를 붕괴시키기 위한 공작을 하는, 그런 것이었습니다. 그런 단체에 가서 북한인권운동에 동조하는 말을 하다니, 제 정신인가라는 이야기입니다.

저는 이런 종류의 비판을 받을 것을 어느 정도는 예상하였지만, 제가 기대한 이상으로 격렬하게 몰아세우더군요. 저는 그 날로 민주노동당 최고위원회 내에서 혼자가 되고, 정치적으로 고립되었습니다.

그러면 저는 왜 북한인권시민연합의 초청에 응하였던가? 저는 학생시절에 민주화운동으로 1974년, 1978년, 두 차례 구속되었으며, 1979년 부마항쟁으로 또 다시 구속되었고, 1980년 무림사건으로 다시 조사를 받았습니다. 하지만 저는 실은 고문을 심하게 받지는 않았습니다. 가장 심한 것은 1978년 구속당할 때와 1979년 부마사태로 부산 합동수사본부에서 수사를 받을 때였지만, 그때도 제 나름 각오한 만큼, 견딜만했습니다.

제가 알기로는 1977년부터 1981년까지 미국 대통령으로 재직한 지미 카터가 '인권 외교'를 펼쳐서 한국 정부에도 압력을 가하고, 한국 중앙정보부에 미국 CIA가 사람을 보내서 감시하기도 하여, 저 같은 사람들이 덕을 보았습니다. 그렇게 믿고 있습니다.

그리고 또 국제 엠네스티 한국 지부 같은 시민단체의 활동에도 덕을 보았다고 알고 있습니다. 그래서 저는 그 은혜를 갚아야한다는 생각에서 다소 어려움이 있더라도 감수해야 한다고 생각하고 윤현 이사장님의 부름에 응한 것입니다.

 또 제 자신의 이런 경험이 있기 때문에 저는 북한인권 시민운동이나 국제적 압력이 북한 현지의 인권 상황을 개선하는데 도움이 되지 않는다는 말을 믿지 않습니다. 지금까지 제가 만난 진보진영 사람들은 대다수 그런 핑계로 북한인권운동을 외면하고 폄하하였습니다.

 민주노동당 정책위의장을 그만 둔 후, 2006년에는 일심회 사건이라는 명백한 간첩 사건에 민주노동당의 사무부총장을 했던 사람이 주범으로 잡혔는데도, 오히려 국정원이 조작한다고 항의를 하는 것이 아닙니까? 당시는 노무현 정부 때인데도 말입니다.

 그래서 저는 평당원의 한 사람으로서 "민주노동당은 김정일 군사독재정권을 반대한다"는 평당원 서명운동을 조직했습니다. 마산, 광주, 성남으로 33명 평당원의 서명을 받아서 전국 33군데 지구당에서 평당원 1,089명의 서명을 받겠다는 목표로 추진하였습니다.

 그런데 민주노동당의 10명의 국회의원을 비롯한 지도자들 누구 하나 이를 거들지 않고, 오히려 방해를 하였습니다. 그런 점에서는 저의 오랜 동지들도 마찬가지였습니다. 그 중에는 이미 고인이 된 사람도 여럿 있지만, 결국 2008년에는 그 분들과 결별하게 되었습니다.

 저는 젊은 시절의 꿈, 우리나라에도 영국노동당 같은 정당을 만들어보겠다는 꿈을 포기하고 말았습니다. 그리고 길을 잃고, 동지들과 헤어지고, 혼자 낙오하여 이리저리 기웃거리는 신세가 되었습니다. 이른바 상갓집의 개 같은 신세가 되어 외롭게 보낸 세월이 벌써 14년이나 되었습니다.

이런 저를 오늘 이런 뜻 깊은 자리에 불러주셔서, 존경하는 김태훈 변호사님을 비롯한 여러분에게 거듭 감사를 드립니다.

본론으로 들어가겠습니다. 북한인권을 대하는 태도, NL 계열만 냉정하고 PD 계열은 다른가요? 아닙니다. 민주노동당이나 정의당만 그런가요? 진보의 큰집인 민주당은 다른가요? 아닙니다. 김대중 대통령 시절의 민주당은 몰라도 이제는 민주당과 정의당도 차이가 없어졌습니다.

문재인 정부는 지난 4년 동안 UN의 북한인권결의안 공동 제안에 불참하였습니다. 북한인권재단도 만들지 않고, 모든 면에서 소극적 대응으로 일관하여 국제 사회의 비난을 받았습니다. 그러면서 진보는 더 깊이 민족주의 세계관에 움츠러들어 이른바 진영논리만 더욱 공고해졌습니다.

북한인권 문제에 관심을 가지면 바로 보수로, 아니 극우로 딱지를 붙여버립니다. 그렇기 때문에 심지어 보수진영 내에서도 북한인권 문제라면 되도록 무관심하게, 모른 척하고 지내는 사람들도 있습니다. 이른바 '개혁 보수'로 불리기를 원한다면 북한인권 문제에 대해서는 무관심한 것이 좋습니다.

어쩌다 이렇게 되었을까요? 한때는 북한인권 문제를 외면하면 국민들에게서 그 이유를 추궁 당하고, 진보가 정치적으로 손해를 보지 않겠나 하는 걱정도 있었습니다. 남한인권 문제들에 대해서는 그토록 세세하게 따지던 사람들이 북한인권 문제에 대해서는 관대하기 짝이 없는 이중성을 국민들이 느끼고, 그 이유를 추궁할 것이란 이야기입니다.

하지만 진보로서는 다행스럽게도 새로운 세대 청년들이 북한문제, 통일문제 자체에 관심이 없습니다. 아예 남의 나라라고 생각합니다. 이웃 나라이지만 가난하고 지저분한 나라, 혈연관계가 있다고 하니 오히려 남들 보기에 창피하여 되도록 생각하기 싫은 친척이 되었습니다.

아마 그래서 진보진영은 북한인권에 대한 외면으로 인한 손해를 크게 보지 않고 지내오지 않았나 싶기도 합니다. 물론 보수진영의 전략적 실패도 있었을 것입니다. 대체로 북한이 청년들에게 잊어버리고 싶은 친척이 되고, 멀리 하고 싶은 이웃이 되면서 큰 정치적 이슈가 되지 않고 넘어간 것 같습니다.

동시에 진보는 민주화운동의 상징 자산을 독점하고 있으므로, 여유 있게 이렇게 대응할 수 있었던 것 같기도 합니다.

"남한인권에 무관심했던 너희들 보수가 말하는 북한인권이란 것은 진정성이 없다, 단지 북한을 공격하려는 정치적 의도에서 관심 있는 척 할 뿐이고, 너희들의 진정한 관심은 북한 체제의 붕괴에만 있다, 북한 인민의 삶에는 관심이 없다. 경제적 지원이라든지 실제적 문제는 우리가 더 적극적이다."

이런 방어 논리는 국민들에게도 설득력이 있었고, 특히 진보진영 사람들을 단속하는데 효과적이었다고 봅니다. 게다가 '평화', 얼마나 좋습니까? 공연히 성질 나쁜 북한을 자극하지 말자. 나름대로 구불구불한 논리를 얼기설기 구성하여 우선 편한 거 좋아하는 인간의 심리에 부합하는 이유를 만들었습니다.

하지만 진보진영의 이런 소극적 대응은 이제 약효가 다 했다고 봅니다. 우선 민주화운동의 상징 자산을 독점함으로써 가질 수 있었던 도덕적 우위를 조국, 윤미향 등으로 인해 거의 잃었습니다. 기성 진보의 맨얼굴이 노출되어, 차세대 진보, 청년 진보는 기성 진보와 어떤 하나의 단절이 불가피합니다.

한국 기성 진보는 이른바 86세대의 정서에 너무 많이 의존하고 있습니다. 그들은 '5·18 광주의 아이들'입니다. 어정쩡한 1980년대 전두환 정권의 탄압, 1984년 학원 자율화 조치 이후에 해방구가 된 대학 캠퍼스에서 젊은 나이에 이미 권력을 맛본 86세대의 독특한 정신세계에서 벗어나지 못하고 있습니다.

저는 지금 한국의 진보가 공산주의와 민족주의에 너무 오염이 되어 있다고 생각합니다. 한국의 진보가 이제 영미 진보와 맥을 같이 하는 글로벌 진보로 진화하기를 바랍니다. 후진국형 진보에서 선진국형 진보로 거듭나기를 바랍니다. '대한민국을 긍정하는 진보'로 발전하기를 바랍니다.

스탈린 공산주의, 전체주의를 가장 신랄하게 비판한 사람은 영국의 사회주의자 조지 오웰이었습니다. 한국전쟁이 일어났을 때 3일 만에 군대를 보내서 대한민국을 구출한 것은 미국의 보수 공화당이 아니라 미국의 진보 민주당 트루먼 대통령이었습니다.

그리고 UN에서 미국과 함께 북한군을 침략자로 규정하고 이를 물리치기 위해서 군대를 파견한 16개 나라는 미국과 영국, 그리고 캐나다, 오스트레일리아를 비롯하여 영국의 지도하에 있는 영연방 나라가 중심이었습니다. 그런데 당시의 영국의 정부는 보수당 정부가 아니라 애틀리 수상이 이끄는 노동당 정부였습니다.

저는 우리나라 진보가 바로 이런 영미 진보와 흐름을 같이 하는 선진국형 진보로 거듭나기를 바랍니다. 그러기 위해서는 무엇보다도 대한민국이 제2차 세계대전의 결과로 탄생한 나라라는 사실, 그 참혹한 전쟁에서 목숨을 바친 전 세계 수천 만 청년들의 희생에 빚지고 있다는 사실을 알아야 합니다.

지금 우리는 세계적 수준의 K-democracy를 누리며 살고 있습니다. 과학 기술과 산업 경제에서 뿐만 아니라 언론의 자유, 인권 보장, 민주주의에서도 대한민국은 유럽 선진국들과 어깨를 나란히 하며 자타가 공인하는 세계 일류의 나라가 되었습니다.

우리가 누리는 한국의 민주정, K-democracy의 역사가 궁금한 청년은 1987년 6월 항쟁에 참여한 부모 세대의 이야기를 듣는 것만으로는 충분하지 않습니다. 1948년 5·10총선에 참여한 조부모 세대의 이야기를 들어야 합니다. 현행 헌법을 읽는 것만으로 충분하지 않고, 제헌헌법을 읽어야 합니다.

한걸음 더 나아가 그 제헌헌법의 배경이 되는 세계인권선언 (The Universal Declaration of Human Rights)을 읽어야 합니다. 제헌헌법과 세계인권선언을 대조해보면 제헌헌법이 얼마나 세계인권선언과 깊은 관련이 있고, 또 같은 시대적 배경, 세계사적 환경 속에서 탄생했는지를 알 수 있습니다.

제헌헌법은 제8조에서부터 제28조까지 국민의 권리를 보장하고 있습니다. 이른바 권리장전(權利章典)입니다. 그런데 그 내용은 거의 세계인권선언이 이미 인간이라면 누구나 누릴 수 있는, 인류 보편의(universal) 권리로서 규정하고 있는 것과 동일합니다.

먼저 인권의 평등함(제8조)을 말하고, 신체의 자유(제9조), 거주와 이전의 자유(제10조), 통신의 비밀 보장(제11조), 신앙과 양심의 자유(제12조), 언론, 출판, 집회, 결사의 자유(제13조), 학문과 예술의 자유(제14조), 재산권(제15조) 등을 보장하고 있습니다.

그리고 제17조부터 제19조까지는 노동의 권리, 사회보장의 권리를 규정하고 있습니다. 즉 자유권뿐만 아니라 사회권을 보장하고 있는데, 그래서 우리 헌법은 처음부터 매우 진보적이었다고 말하기도 하는 것입니다. 그런데 바로 세계인권선언이야말로 노동, 교육, 사회보장 등 사회권을 세세히 규정하고 있습니다. 우리나라 제헌헌법 제17조부터 제19조까지는 세계인권선언의 제22조부터 제25조에 해당합니다.

나아가서 제16조에서는 균등하게 교육받을 권리를 보장하고 특히 "초등교육은 의무적이며 무상으로 한다"(!)고 규정하고 있습니다. 바로 이 헌법 정신에 따라 우리나라는 건국하면서 바로 초등 의무교육을 실시하여 해방 당시 78%에 달하던 문맹률이 1950년대 말에 이미 22%로 떨어졌습니다. 그런데 세계인권선언 제26조 1항을 보십시오!

"모든 사람은 교육을 받을 권리를 가진다. 교육은 최소한 초등 및 기초단계에서는 무상이어야 한다. 초등교육은 의무적이어야 한다. 기술 및 직업교육은 일반적으로 접근이 가능하여야 하며, 고등교육은 모든 사람에게 실력에 근거하여 동등하게 접근 가능하여야 한다." 놀랍지 않습니까?

1948년 대한민국 제헌국회의 헌법기초위원회에서, 제9조 신체의 자유 조항에서 체포, 구금, 수색에는 법관의 영장이 있어야 한다고 규정하면서도 도피 또는 증거인멸의 염려가 있을 때에는 수사기관이 사후에 영장을 청구할 수 있다는 예외 조항을 두는 문제로 조봉암과 김준연이 큰소리로 논쟁하였습니다.

인권 보장의 이상론, 원칙론을 펼쳤던 조봉암은 거의 혼자에 가까운 소수파에 불과했지만, 그의 뒤에는 이런 시대적 배경과 국제적 배후가 있었기 때문에, 혼란한 해방정국에서 남로당을 비롯하여 대한민국 건국을 방해하는 여러 세력들을 다스려야 할 현실적인 필요를 말하는 한민당의 김준연과 당당하게 논쟁할 수 있었던 것입니다.

조봉암과 김준연의 격렬한 논쟁은 바로 대한민국 국회 내에서 벌어진 최초의 진보와 보수의 충돌이고, 당시 대한민국의 건국을 도운 국제 세력은 진보의 편에 가까웠습니다. 미국 민주당 트루먼 정부와 영국노동당 애틀리 정부와 그 지도하에 있는 영연방 나라들, 그리고 그들이 주도하는 UN이 바로 조봉암의 배후였습니다.

농지개혁의 경우에도 미군정이 동양척식회사와 일본인 소유였던 농지들을 정부 수립과 정권 이양 전에 분배해버리는 등으로 압력을 가하여 국내 정치 세력 분포로서는 가능하지 않을 만큼 진보적으로 이루어진 것처럼 자유와 인권, 민주주의도 UN의 기획과 개입으로 최대한 실현되었습니다.

그뿐이 아닙니다. UN한국임시위원단이 관리한 1948년 5·10총선이야말로 당시로서는 기대 이상으로 성공적인, 자유롭고 공명정대한 선거였습니다. 한국 민주정의 첫 단추가 제대로 끼워진 것입니다.

1948년 12월 10일 제3차 UN 총회에서 세계인권선언이 채택되고, 바로 이틀 후, 12월 12일에 UN 총회가 대한민국 정부를 승인하였습니다. 우연이 아닙니다. 대한민국은 바로 그런 시대, 그런 때에 태어났습니다. 사람으로 치면 사주팔자가 좋은 것이며, 좋은 유전자를 갖고 태어난 것입니다. 진정한 기적은 대한민국의 탄생 그 자체입니다.

그래서 저는 대한민국을 긍정한다면 진보를 해도 좋고 보수를 해도 좋다고 생각합니다. 하지만 "반(反) 대한민국은 곤란하다, 더욱이 반 대한민국이 진보는 아니다."라고 생각합니다. 그런데 지금 우리나라 진보는 공산주의와 후진국형 민족주의에 찌들어서 반 대한민국적인 세계관을 가지고 있습니다. 그래서 저는 한국 진보가 빨리 그 세계관으로부터 벗어나라고 외치고 있습니다.

그 가장 쉬운 길은 바로 북한인권 문제에 대한 관심을 갖는 일이고, 또 그 일에 가장 앞장서야 하는 주체는 '호남'입니다. 왜 그런가? 호남은 공산주의나 후진국형 민족주의와 아무런 이해의 일치가 없습니다. 현재와 미래에 그럴 뿐만 아니라 과거 역사로 본다면, 민주주의 나라, 만민 평등과 인권의 나라, 자유의 나라를 만든 분들이 바로 호남의 어른들이기 때문입니다.

고창에서 나신 인촌 김성수 선생과 담양 태생의 고하 송진우 선생이 이끈 한민당이 바로 미군정 시기의 사실상 집권 여당으로서 그 어려운 여건에서 대한민국을 만드는 산파의 역할을 하였습니다. 그리고 제헌국회와 헌법기초위원회도 이승만 계의 독촉과 한민당으로 구성되었습니다.

헌법을 기초한 유진오 선생은 바로 고려대학교 교수이고, 인촌이 키운 인물이었습니다. 초대 대법원장 김병로 선생도 순창 출신이었습니다. 결론적으로 북한에서 월남한 100만 서북 사람과 더불어 한민당이 이끄는 호남 세력이, 자유와 인권의 나라 대한민국을 건국한 양대 세력 중의 하나입니다.

마침내 1948년 대한민국 정부를 수립하였을 때, 누구나 대통령은 이승만, 국무총리는 김성수, 이렇게 생각하였습니다. 하지만 실권을 넘겨주기 싫었던 이승만 대통령이 지명을 거부하면서 오늘날까지 이어지는 '제왕적 대통령제'의 아슬아슬한 한국 정치사가 시작되었습니다.

호남 출신이 아닌 제가 감히 말씀드리기 두렵습니다만, 제 생각에는 지금까지 호남이 후진국형 진보의 편을 든 이유는 분명 있었습니다. 1963년 박정희 대통령이 처음 집권한 대선에서 호남은 압도적으로, 심지어 박정희 고향 경북보다 더 많은 지지를 보내주었지만 나중에 되돌아온 것은 지역 차별이었습니다.

박정희, 전두환, 노태우, 김영삼, 무려 35년 동안 정권을 독점하여, 영남 사람들은 많은 기업을 키워서 재벌이 되기도 하고, 하다 보니, 좋은 직장은 다 영남 사람들이 지연과 혈연으로 독차지하게 되었습니다. 거기다 공직 사회와 군대 등에서도 인사와 승진에서 호남 사람들은 차별과 불이익을 당하여 뼈에 사무치는 한이 되었습니다.

그래서 "오냐 그래, 너희들이 말하는 주사파는 바로 나다!"라는 식으로 대응한 것입니다. 호남은 다소 문제가 있더라도 모른 척하고, 진보와 손잡고 보수에 대항하였습니다. 하지만 그러다보니 이제 호남인들이 결과적으로 반 대한민국 세력, 주사파의 뒤치다꺼리를 해주는 그런 어이없는 처지에 서게 되었습니다.

이제 더 당당하게 호남이 주사파의 손을 놓고, 대한민국의 주인으로서 정당한 지분을 요구하는 길을 감히 제안 드립니다. 그럴 때 가장 먼저 해야 일은 북한인권 문제에 대하여 관심을 가지는 것입니다. 다음으로 인촌 김성수 선생이 만든 대한민국을 긍정하는 것입니다. 이만 줄이겠습니다.

경청해주셔서 감사합니다.

저는 대한민국 역사에서 죽산은, 미국 역사에서 제3대 대통령을 역임한 토머스 제퍼슨과 비슷한 위상을 갖는다고 생각합니다. 그런 그에게 건국훈장을 추서하지 않는다면 도대체 누구에게 건국훈장을 준다는 말입니까?

# 조봉암과 대한민국의 탄생

- 강연회 「강화소년 조봉암 대한민국을 세우다」 -

일시 : 2022년 9월 15일
장소 : 강화중앙교회

# 조봉암과 대한민국의 탄생

| **2022년 9월 15일**
강화중앙교회

　가슴이 터질 듯 벅찹니다. 역사의 현장 강화중앙교회에서 소년 조봉암이 사춘기를 거치면서 인생관을 정립하여 어엿한 청년이 되고 독립운동가로 성장한 바로 이 잠두교회에서, 우리 민족의 지도자 조봉암과 자랑스런 우리나라 대한민국의 역사를 말씀드리게 되어 감개무량합니다.

　성인이 된 후에, 누구와도 손잡고, 또 다른 누구의 도움도 받고, 때로는 어떤 시대의 영향도 받아서 풍부한 사상과 경륜을 차곡차곡 쌓아나갔지만, 어디까지나 그 밑그림은 바로 여기 잠두교회에서 그린 것이고, 그러므로 죽산의 영혼의 고향은 바로 이 강화중앙교회입니다.

　그래서 오늘 이 강연회가 열리는 이 모습을 하늘나라에서 내려다보면서 선생님은 흐뭇하게 웃고 계시리라 믿습니다. 또 바로 이 교회 청년부에서 주보를 함께 만들고, 3·1 만세운동의 유인물을 함께 등사하던 김이옥 여사와 손을 맞잡고 웃고 계실 것이라 믿습니다.

조봉암과 김이옥, 두 분의 체취와 발자취가 남은 이 교회에서 열리는 오늘의 강연회는 하나의 뜻깊은 역사적 이벤트로서 길이 우리 기억에 남을 것입니다. 장영철 담임목사님을 비롯한 강화중앙교회 형제자매 여러분에게 감사드립니다.

그리고 이 모든 일이 이루어지도록 조율하고, 저에 앞서 강연도 해주신 이은용 장로님, 강화기독교역사연구소 소장님께 깊이 감사드립니다.

우리는 지금 이 한반도 역사상 가장 좋은 나라에 살고 있습니다. 물론 부족하고 불만스런 점도 없지 않지만, 상대적으로 전 세계에서 이만큼 살기 좋은 나라도 드문 것이 사실입니다. 특히 우리나라는 불과 70년 전만 하더라도 전쟁으로 모든 것이 파괴된 폐허의 땅이었습니다.

그래서 지난 70년 동안 우리가 이룬 것과 대한민국의 발전을 전 세계인은 기적이라고 부릅니다. 제2차 세계대전 이후 탄생한 나라들 140여 개국 가운데 선진국으로 진입한 유일한 나라라고도 말합니다.

비단 과학기술과 산업, 경제만 크게 발전한 것이 아닙니다. 우리나라의 민주주의도 이제 세계가 인정하는 바입니다. 자유와 인권, 복지도 선진국 수준이고, 정권 교체가 빈번하게 이루어지면서도 이만큼 정치가 안정되어 있다는 점에서 이탈리아와 일본보다 낫다는 평가를 받고 있습니다.

그러면 이런 기적은 어떻게 만들어질 수 있었습니까? 물론 많은 성공의 요인과 조건이 있었습니다. 하지만 가장 근본적으로는 우리 국민 모두가 열심히 일하고 열심히 공부하였기 때문에 이루어낼 수 있었던 기적입니다.

모든 국민이 정직, 근면, 성실하게, 열심히 일하고 열심히 공부한다는 것은 어느 나라든지 그 지도자들이 외친 것이지만, 결과는 우리나라만큼 되지 못하였습니다.

왜 그랬을까요? 그것은 우리나라가 처음부터 특별히 기초가 튼튼하게, 제대로 세우고 잘 만들어진 나라이기 때문입니다. 대한민국이라는 나라에는 좋은 유전자가 정치와 경제 체제와 제도에 아로새겨져 있었기 때문입니다.

그래서 우리는 대한민국을 만든 조상들에게, 그리고 우리 조상들을 도와주신 하느님께 감사를 해야 한다고 저는 생각합니다. 우리 조상들은 각자의 위치에서 피와 땀을 흘려서 멋진 새 나라를 만들었습니다. 많은 분들이 목숨을 바치고, 청춘을 바쳐서 지금 우리가 누리는 이 좋은 나라를 만들어주셨습니다.

우리가 누리는 자유와 인권, 노동과 교육과 복지의 권리, 이 물질적 풍요에 대하여 조상들에게 감사합니다. 정말 많은 분들이 희생하고 노력하였고, 우리는 그 분들에게 감사하고 있습니다.

그 중에서도 이름을 기억해야 할 지도자들을 꼽는다면 - 물론 역사를 보는 관점에 따라 다소 다를 수 있겠습니다만 - 이 나라 대한민국을 중심으로 역사를 보는 한에서는, 이승만, 조만식, 김성수, 신익희, 그리고 조봉암, 이 다섯 분을 빠트릴 수 없다고 생각합니다.

건국의 아버지들 다섯 분 중에서 가장 젊은 지도자 조봉암을 오늘 우리는 이야기하려고 합니다. 조봉암은 제헌 국회의원, 헌법 기초위원, 초대 농림부 장관, 제2대 국회의원, 국회 부의장, 첫 직선제 대통령 선거와 두 번째 직선제 대통령 선거에서 차점 낙선한 후보였습니다.

세계에서 가장 성공적인 농지개혁을 설계·주도하였고, 농협을 만들었고 농민신문을 만들었습니다. 당시 국민의 70%가 농민이었습니다. 이렇게 입법·행정·산업과 경제, 그리고 민주주의 정치에서 모두 기여한 사람은 달리 찾기 어렵습니다.

우선 조봉암이 5·10 총선에 참여한 그 자체로 대한민국의 정통성에 큰 보탬이 되었습니다. 조봉암은 대한민국이 자유민주주의 나라로서 갖추어야 할 다양성과 개방성을 상징하는 인물이었습니다.

지금 우리로서는 이해하기 힘들지만 건국 당시에는 5·10 총선을 보이콧하는 사람들이 정말 많았습니다. 좌익은 말할 것도 없고, 우익에서도 김구 계열, 김규식 계열은 거의 모두가 5·10 총선을 보이콧했습니다.

제헌 국회의원들의 명단을 보십시오. 유명한 독립운동가들이 별로 보이지 않습니다. 조소앙 같은 분들도 5·10 총선에 참여하지 않았습니다.

이런 가운데 공산당을 탈당한 조봉암과 한독당을 탈당한 신익희가 대한민국 건국에 참여한 것은 매우 의미 있는 일이었습니다. 만약 그 분들이 대한민국 건국에 참여하지 않았다면, 이 나라는 지지 기반이 협소하고 옹색하였을 것입니다.

하지만 그 두 분이 참여하였기 때문에 민주공화국은 그럴 듯한 모양을 갖추게 되었습니다. 바로 그래서 나중에 조봉암과 신익희는 나란히 이승만 대통령에 도전하는 차세대 지도자가 되었습니다.

두 분이 공산당과 한독당을 탈당한 시점도 비슷합니다. 1946년 봄이고 여름이었습니다. 그러니까 북한에서 김일성을 위원장으로 하는 북조선임시인민위원회를 세우고 토지개혁을 시작한 것이 1946년 2월이었습니다만 바로 그 직후였습니다.

소련은 한국에서 체면을 차리고, 오래된 약속을 지킬 형편이 아니었습니다. 그들은 다급했습니다. 중국의 운명이 아직 결정되지 않았습니다. 모택동이 이길지 장개석이 이길지 알 수 없는 상황이었고, 소련이 만주와 조선을 먼저 확보하면 모택동이 엄청나게 유리해지는 상황이었습니다.

그래서 소련은 조선에서 무지막지하게 총칼로 밀어붙였습니다. 그야말로 유혈이 낭자한 공산혁명이었습니다. 북한 동포 백만이 가족과 직장과 집을 포기하고, 혹은 우익 반동으로, 혹은 친일파로 몰려 월남하였습니다.

이런 상황에서도 공산당의 옛 동지들은 조봉암을 배신자, 변절자라고 하였습니다. 그러나 박헌영이 쓴 「8월 테제」를 읽어보십시오, 젊은 시절의 순수한 꿈과 이상, 그리고 논리정연한 이론을 배신한 것은 박헌영이지 조봉암이 아닙니다.

박헌영은 「8월 테제」에다 온갖 좋은 말은 다 써놓고, 두 달도 되지 않아서 다 잊어버리고 스탈린의 지령대로 움직이기 시작하였습니다. 그래서 조봉암은 "이건 아니다!" "우리가 평생 싸운 것은 스탈린의 개가 되기 위한 것이 아니다"라고 하면서 공산당을 탈당한 것입니다.

식민지 조선의 많은 청년들이 일제로부터 독립을 하면 양반·상놈이 없는 평등한 새 나라를 만들자는 아름다운 꿈으로 공산주의운동을 하였고, 레닌의 약속을 순진하게 믿었던 것입니다.

조봉암은 5·10 총선에 인천 을구에서 출마하여 제헌 국회의원이 됩니다. 그리고 헌법 기초위원이 됩니다. 또 헌법 기초안이 본회의에 상정되었을 때 조봉암 의원이 가장 먼저, 1번 타자로 토론을 신청합니다. 그 토론은 국회 속기록에 고스란히 남아 있습니다.

조봉암 의원의 헌법 초안에 대한 토론, 읽어보십시오, 정말 소름이 끼칩니다. 우리나라 헌법에 대한 가장 진보적인 해석, 「세계인권선언」의 정신에 가장 가까운 입장을 남겼습니다. 지금도 논란이 되는 문제들에 대하여 뚜렷한 입장을 밝히고 있습니다.

조봉암 의원은 제헌 국회에서 금방 눈에 띄는 활약을 펼칩니다. 그래서 무소속 소장파 의원들의 지도자가 됩니다. 그리고 초대 농림부 장관에 발탁됩니다.

농림부 장관으로서 강정택 차관과 강진국 농지국장 같은 진보적이고 유능한 인재들을 발탁, 현장에 파견하여 실정(實情)을 조사하게 하고, 본인도 농민들 속으로 들어갑니다. 각지에서 농민들을 상대로 연설도 하고 농민들의 이야기도 듣습니다.

그래서 나온 기가 막힌 농지개혁안이 바로 명분은 '유상몰수 유상분배'인데, 실질은 농민들에게 아주 유리하게 한해 소출의 15할을 5년에 걸쳐서, 해마다 3할씩만 부담하도록 하는 안이었습니다.

소작료가 4할, 5할이나 되는데, 3할을 정부에 내면, 또 흉년이 들면 다음 해로 미루어주기도 하는데 누가 자신에게 분배된 농지를 포기하겠습니까? 저는 아직 그런 농민이 있었다는 말을 들어본 적이 없습니다.

조봉암 장관의 정치력은 절충인 듯, 타협인 듯하면서도 가장 원칙적인 농지개혁법안의 뼈대를 세워놓았고, 조봉암 장관이 물러난 후에도 결국은 그 안을 중심으로 모든 논의가 이루어졌습니다.

다음 순서로 전성원 「황해문화」 편집장이 말씀드리겠지만, 대한민국 70년 역사는 바로 농지개혁에서 출발합니다. 브라질, 아르헨티나, 필리핀이 모두 가난한 나라가 된 것은 농지개혁을 하지 못했기 때문입니다.

선생께서는 제2대 국회의원으로 무난히 재선되고, 또 국회 부의장에 당선되셨습니다. 죽산의 사회(司會)하는 기술이 신기(神技)에 가깝다고 하는 신문 기사가 있습니다. 그만큼 그는 남의 말을 잘 알아듣고, 존중하고, 그러면서도 전체의 의견을 모아나가는 민주적인 지도자였습니다.

1952년 대통령 선거 출마도 의미가 엄청나게 큰 것입니다. 부산정치파동으로 개헌을 해서 직선제로 바꾼 첫 대통령 선거는 죽산이 출마하지 않았으면 틀림없이 이승만 단독 후보로 치러졌을 겁니다. 전쟁 중인 살벌한 상황에서 누구도 이승만의 경쟁자로 나서려고 하지 않았습니다.

그런데 뜻밖에도 이승만 박사보다 스물 네 살이나 젊은 조봉암이 대통령 후보로 나섰습니다. 그러자 민국당에서 뒤늦게 83세의 노인 이시영 부통령을 후보로 내세웠습니다. 그런데 또 의외의 결과가 나왔습니다. 조봉암이 이시영을 누르고 2등을 한 것입니다.

한국의 대통령 중심제 민주주의는 첫 단추부터 잘못 끼워질 뻔했습니다. 조봉암이 후보로 나섰기 때문에 직선제 대통령 선거는 민주적 선거로 정착하게 되었습니다.

전쟁이 끝난 후에는 사사오입 개헌까지 하면서 이승만 박사가 장기 집권을 하려고 하자 야권 통합 운동이 일어났는데, 조봉암은 당연히 그 통합 야당에 참여하려고 하였습니다. 하지만 조봉암의 참여를 반대하는 자들이 있었습니다.

야비하게도 이미 장관, 국회부의장까지 한 사람을 공산주의자로 몰고 갔습니다. 그래서 인촌 김성수는 이들에게 "죽산을 배제하지 말라"고 간곡하게 말했습니다. 한 사람 한 사람 계동 자택으로 불러서 설득했다고 합니다.

하지만 인촌은 이미 병환이 깊었습니다. 그리고 얼마 가지 않아서 돌아가시고 말았습니다. 이제 죽산은 홀로서기를 하는 수밖에 없었습니다. 그것이 진보당 창당이고, 고립이고, 결국 누명을 쓰고 죽어야 했습니다.

하지만 그렇게 하여 죽산은 한국 정치에 하나의 귀중한 유산을 남겨 놓았습니다. 그것은 '진보주의'라는 깃발입니다. 진보주의는 영어의 '리버럴리즘(liberalism)'을 번역한 말입니다. 바로 미국 민주당의 사상 이념을 가리키는 말입니다. 독일의 사회민주주의나 영국의 소셜리즘(socialism)과 비슷하지만, 조금은 다릅니다.

유럽이나 영국의 봉건 시대 계급 잔재가 남아 있는 나라들과는 달리 양반 상놈이 없는 신대륙 미국과 비슷한 우리나라 사회적 조건과 문화, 풍토에서 진보는 소셜리즘보다 리버럴리즘이 더 맞는 것입니다.

아직도 이를 잘 이해하지 못하는 사람들이 자꾸 죽산과 진보당을 사회민주주의와 연결 짓지만 그런 사상이나 이념은 대개 유럽 쪽의 것들이고, 죽산의 사상과 진보당의 이념은 신대륙 미국의 진보주의, 리버럴리즘에 보다 정확하게 맞아떨어지는 것입니다.

요컨대 죽산은 국제 기준에 맞는 진보적인 야당, 미국 민주당과 비슷한 정당을 만들고자 노력했습니다. 오늘날 우리가 흔히 보는 모습들, 북한 인권 문제에 입 닫고 아무 말도 못하고, 독립협회와 만민공동회로부터 내려오는 대한민국의 정통성을 당당하게 주장하지 못하면서 스스로 민주니 진보니 자처하는 모습들을 보면, 우리 마음속에 죽산의 노력이 다시금 되살아납니다.

그래서 죽산의 꿈은 다음 세대에 다시 되살아날 것이 분명합니다. 죽산과 진보당은 60여 년 전에 사라진 꿈이 아니고 미래에 다시 살아날 비전이라고 저는 믿습니다.

"죽산을 배제하지 말라!" 인촌의 유언은 아직 살아있습니다. 인촌의 유언과 죽산의 유산을 오늘의 언어로 고치면 이렇게 될 것입니다.

"북한 인권 문제를 외면하지 말라! 자유와 인권이라는 보편 가치를 중심으로 국제 기준에 맞는 민주정당을 하라!" "6·25 전쟁이 터졌을 때, 사흘 만에 군대를 보내 대한민국을 구해준 것은 미국의 트루먼 민주당 정부와 영국의 애틀리 노동당 정부, 그리고 그들이 이끄는 UN이었음을 잊지 마라!"

저는 대한민국 역사에서 죽산은, 미국 역사에서 제3대 대통령을 역임한 토머스 제퍼슨과 비슷한 위상을 갖는다고 생각합니다. 그런 그에게 건국훈장을 추서하지 않는다면 도대체 누구에게 건국훈장을 준다는 말입니까?

1945년 8월 15일, 그날 선생님은 일제 헌병 사령부에서 풀려났습니다. 총독으로부터 치안권을 넘겨받은 몽양 여운형 선생이 충무로 헌병 사령부로 와서 신병을 인수한 것입니다. 더 이상 무슨 말이 필요합니까?

오늘날 우리가 이렇게 모든 것을 누리고, 잘 먹고 잘 살면서 이 좋은 나라를 만들어주신 하느님과 조상들에게 감사하지 않는다면 배은망덕(背恩忘德)이다, 라고 저는 감히 주장합니다.

경청해주셔서 감사합니다.

이들 농민들이 대한민국의 자유로운 농민으로서 해방된 조국의 진정한 주인이었다는 사실, 한국전쟁에서도 나라를 지킨 주역이었다는 사실, 그리고 한국 농지개혁은 지난 75년 대한민국 경제 발전의 기적이 시작된 빅뱅과도 같은 사건으로 거듭거듭 재해석되어야 할 사건이라는 점을 이영일 의원님은 이 책에서 밝히고 있습니다.

# 제헌국회는 대한민국이 탄생한 곳이다!

- 이영일 「건국사 재인식」 서평 -

일시 : 2022년 12월 28일
장소 : 한국프레스센터 외신기자클럽

# 제헌국회는 대한민국이 탄생한 곳이다!

> 2022년 12월 28일
> 한국프레스센터 외신기자클럽

　하나의 국민이라면 건국 스토리를 공유하는 인간 집단일 터인데 지금 우리나라는 두 개의 국민이 존재하는 듯합니다. 이런 걱정스런 상황 속에, 팔순의 이영일 의원님이 분연히 떨쳐 일어나서 역사학자들이 다루어야 할 사료(史料)라고 할 수 있는 제헌국회의 속기록을 직접 샅샅이 읽고 책까지 쓰신 데 대하여 후배로서 무어라 말할 수 없는 경외(敬畏)를 느끼고, 깊이 고개 숙여 경의를 표하고 싶습니다. 실로 "인간의 지성(知性)이란 바로 이런 것이다"라고 몸소 보여주시는 듯합니다.

　사실 저희들이 젊은 시절에 우리나라 역사를 나름대로 열심히 공부했지만, 제헌국회에 대해서 그 중대한 역사적 의미를 이야기하는 사람은 없었습니다. 그러니 제헌국회의 속기록을 읽어야 한다는 생각은 더더욱 없었습니다. 하지만 뒤늦게 깨달아 지금 생각해보면, 제헌국회야말로 대한민국을 만든 바로 그 역사의 현장이고, 앞으로 수백의 후학들이 이를 파헤쳐서 다양한 해석을 내놓을 것이고, 그 때에 이영일 의원님의 이 저작은 거듭 인용이 될 것이라고 믿습니다.

저희가 젊을 때, 「해방전후사의 인식」이 쓰여질 당시에는 건국된 지 30년 밖에 되지 않았던 시점이라 대한민국이 그렇게 안정된 존재가 아니었고, 과연 이 나라가 언제까지 유지될 지 모르던 시점이었습니다. 그래서 대한민국이라는 나라의 역사보다는 민족의 역사를 쓰고 공부하였던 것 같습니다. 하지만 이제는 대한민국이라는 나라가 4분의 3세기, 75년이라는 짧지 않은 역사를 가질 뿐만 아니라 눈부신 발전을 거듭하여 선진국이 되었습니다. 또 이제 대한민국에 태어나서 자란 사람들이 국민의 대다수를 차지하게 되었습니다.

그래서 앞으로 이 나라 주인이 될 젊은 세대는 민족의 역사가 아니라 나라의 역사를 공부하게 될 것입니다. 그렇게 하면 자연히 아(我)와 비아(非我)의 구분이 뚜렷하고, 선악(善惡)과 흑백이 흡사 아동용 만화 같이 분명한, 거기다 비장미(悲壯美)를 곁들인 항일투쟁사(抗日鬪爭史)가 아니라, 복잡하고 입체적이며, 인간 행동의 의도와 결과가 다르다는 역설이 생생하고, 다양한 캐릭터가 등장하는 성인(成人)용 소설 같은 역사, 반전이 거듭되는 드라마로서 대한민국사(大韓民國史)를 공부하고 가르치게 될 것입니다. 그렇게 하여 성숙한 정신을 가지고, 책임감 있는 공화국의 자유시민을 길러내게 될 것입니다. 그럴 때 이 책은 좋은 길잡이가 될 것입니다.

이 책의 안내를 따라 제헌국회 속기록을 읽다보면 여러 뜻밖의 장면들을 만나게 됩니다. 오늘날 일각에서 주장하는 1919년 건국설이나 임정법통론의 기원은 뜻밖에도 이승만 박사의 고집이라는 것을 발견합니다. 이승만 박사는 권력을 추구하는 정치인이었고, 자신의 정치적 입장에서 이른바 한성정부를 대한민국의 뿌리로서 내세웁니다. 바로 자신이 한성정부에서 집정관 총재로 추대되었기 때문입니다. 아들 뻘의 대다수 제헌국회 의원들에게 "감히 나한테 덤비려고 하지 말라"고 경고하는 듯합니다.

이런 이승만 대통령의 입장은 두 가지 측면을 가지는 것 같습니다. 하나는 아들 세대들이 다 잊어버리고 있었던 친미(親美)의 독립된 민주공화국 노선, 즉 일찍이 19세기 말부터 우리 조상들이 독립협회와 만민공동회를 통해서 세워놓은 독립운동의 기본노선을 이승만 박사가 지켜냈다는 엄청나게 중요한 사실을 상기시켜 주는 한편으로 그의 고집이 Republic of Korea라고 써놓고 대한민국이라 읽고, Liberation Day를 광복절이 부르는 반동적 결과를 가져오기도 하였다는 것입니다. 급기야 외국인들에게 오해하지 말라고, 'Great Korea' 이런 거 아니라고, 'Republic of Korea' 그대로라고 해명하기도 하였습니다.

농지개혁에 대해서는 두 가지 오해, 또는 잘못된 견해가 있었습니다. 이 책은 그 오해를 깔끔하게 풀어주셨습니다. 하나는 농지개혁이 한국전쟁 전에 완료되지 않았다는 오해입니다. 또 하나는 농지개혁에 이승만 박사가 반대했다는 오해입니다. 주로 미국인들이 한국을 멸망한 남베트남과 비슷한 나라로 보는 관점에서 쓴 책들을 인용하는 잘못된 주장들입니다. 농지개혁법 개정안이 1950년 3월 10일에 공포되었으니 어떻게 전쟁 전에 농지개혁이 완료될 수 있었겠는가라는 추리, 사실을 들여다보지 않은 견해입니다. 최근까지도 여러 분들이 그에 동조하는 글을 쓰고 있습니다.

하지만 이미 전국의 일선 지방 행정 기관, 면사무소에서는 실무 작업이 진행되고 있었습니다. 마을마다 농지위원회도 활동하고 있었습니다. 논밭을 갈기 전에, 춘경기 전에 완료하라는 이승만 대통령의 거듭된 독려 속에 1950년 4월 15일까지 농가별 분배농지일람표를 열람하고, 농민들이 농지분배 예정통지서를 받았기 때문에 전쟁 전에 농지개혁은 완료되었다고 보아야 할 것입니다. 또 당시 농림부가 국회에서 그렇게 답변합니다.

이런 사실들은 이미 1989년에 거의 밝혀졌습니다. 한국농촌경제연구원에서 김성호, 허영구, 장상환, 박석두 등 훗날에 진보, 보수 양 진영에서 활약하는 - 허영구는 나중에 민주노총 부위원장까지 하였고, 장상환 교수는 민주노동당 정책위원장을 하였습니다 - 중견 연구자들이 대거 참여하여 6년간 자료 수집을 한 끝에 「농지개혁사연구」를 발간한 것입니다.

하지만 당시의 학생들은 이른바 주체사상에 빠져 있었기 때문에 식민지반봉건론(植民地半封建論)을 고수하다보니 북한의 농지개혁은 성공한 반면, 남한의 농지개혁은 실패하여 지주와 소작인이 농촌에 여전히 있다고 주장하는 황당한 일이 있었습니다. 그들과 논쟁을 하던 저로서는 참으로 인간 인식이란 무엇인가를 생각하지 않을 수 없었습니다. 너무나 뻔한 사실을 두 눈으로 보고서도 인식하지 못할 수도 있다는 것을 경험하였습니다.

농지개혁이 이루어지기 전에 지주들이 농지를 많이 방매(放賣)하였다는 사실도 농지개혁의 실패를 주장하는 한 근거였지만, 결코 농민들에게 불리한 결과를 가져오지 않았습니다. 매우 헐값에 농지를 방매하였고, 일부 친인척 간에는 거저 나누어주기도 하였습니다. 그만큼 농지개혁이 대세였다는 이야기입니다.

농지개혁을 둘러싸고 중국 공산혁명, 북한 '토지혁명'이라는 외부의 큰 압력 하에 미군정과 한국의 한민당을 비롯한 보수 정파들과 조봉암을 비롯한 진보파들, 그리고 이승만 박사의 밀고 당기는 책략과 정치, 김성수와 유진오, 강정택과 강진국, 이순탁 등 여러 인물들의 활약, 그리고 무엇보다도 그런 지도급 인사들의 움직임을 예리하게 바라보면서 대대로 물려 받은 가난과 소작농의 굴레를 벗어날 역사적 기회를 놓치지 않은 농민들의 야야기는 참으로 한편의 드라마입니다.

이들 농민들이 대한민국의 자유로운 농민으로서 해방된 조국의 진정한 주인이었다는 사실, 한국전쟁에서도 나라를 지킨 주역이었다는 사실, 그리고 한국 농지개혁은 지난 75년 대한민국 경제 발전의 기적이 시작된 빅뱅과도 같은 사건으로 거듭거듭 재해석되어야 할 사건이라는 점을 이영일 의원님은 이 책에서 밝히고 있습니다. 특히 이승만, 김성수, 조봉암 세 분의 지도자들의 입장과 활약을 입체적으로 묘사해주셔서 대단히 감사합니다.

당시에는 무상몰수무상분배(無償沒收無償分配)냐, 유상몰수유상분배(有償沒收有償分配)냐 하는 명분론의 대립 같은 논쟁 구도가 있었던 것 같습니다. 조봉암 장관이 스카우트한 강정택 차관, 강진국 농지국장 같은 실무자들 가운데는 좌익의 민전(民戰) 출신들이 많았습니다. 그들은 아마 무상분배론자들이었을 겁니다. 하지만 조봉암 장관은 전국을 돌면서 농민들의 의견을 수렴하고, 또 실무자들은 현장의 실정(實情)을 파악하여 명분론으로는 유상몰수유상분배로 하되 실질적으로는 농민들에게 엄청 유리한 그런 절충안의 뼈대를 세웠습니다. 그것은 정치가 조봉암의 공적이라고 저는 생각합니다.

그리고 당시에 활약한 여러 분들이 모두 공로가 있습니다. 이승만 대통령과 김성수 선생 같은 큰 원로 정치가도 있었지만, 많은 분들이 헌신하여 역사를 만들고 기적 같은 대한민국 건국 혁명을 이루어내었습니다. 그 분들이 서로 논쟁하고 싸우고 타협한 이야기, 예를 들면 강진국 국장이 동아일보에 글을 쓰고, 김성수 선생이 이 글을 읽고서는 그 논리로 한민당의 동지들을 설득하고, 이런 이야기들이 다 재미있고 교훈적입니다.

저는 지금 우리나라에는 부정적인 언어, 증오의 언어가 아니고, 긍정과 감사의 언어로 역사를 이야기하는 할아버지가 필요하다고 생각합니다. 이영일 의원님이야말로 바로 그런 이야기꾼 할아버지로서 활동하고 있는 분입니다. 마키아벨리가 말했습니다. 역사에서 보는 사례는 감동을 주지만, 자기 나라의 사례일 경우에는 더 큰 감동을 준다고 말했습니다. 이미 대한민국의 역사에는 감동적인 이야기의 소재가 충분히 많습니다.

그 참혹한 전쟁에서 기꺼이 목숨을 바친 수 천만 청년들을 전장(戰場)으로 이끈 숭고한 정신과 가치는 무엇이었던가요? 모든 인간은 평등하다는 믿음, 인종차별을 끝내고, 식민 지배 아래 노예 상태에 놓여있는 약소민족들을 해방시키자는 비전, 모든 인간이 자유와 민주주의를 누리게 하자는 약속이었습니다.

# 조봉암과 대한민국의 영미 진보 유전자

- 경북대 아시아연구소 학술대회 기조강연 -

일시 : 2023년 5월 13일
장소 : 경북대학교

# 조봉암과 대한민국의 영미 진보 유전자

**2023년 5월 13일**
**경북대학교**

　진짜 프로 역사학자들 앞에서 아마추어 역사학도가 어려운 주제로 말씀을 드리게 되어 큰 영광입니다. 이런 귀한 기회를 주신 여러분에게 감사합니다.

　먼저 여러분의 오랜 노력에 감사를 드리고, 오늘 학술대회의 풍성한 결실을 축하드립니다. 저는 여러분이 이번에 매우 중요한 사료(史料)를 발굴하였다고 생각합니다. 왜냐 하면 조봉암과 진보당은 대한민국의 탄생과 정체성을 이야기하는 데 빠질 수 없는 요소이기 때문입니다.

　조봉암과 진보당은 결코 잊어버려도 좋은 끄트머리 비주류이거나 대한민국 외부로부터 유래한 그 무엇이 아닙니다. 조봉암과 진보당은, 영미(英美)와 UN이 새롭게 태어나는 이 나라에 꼭꼭 씨앗을 심어서 유전자의 일부가 된 진보적 가치들을 상징하는 존재입니다. 그렇기 때문에 아무리 세월이 흘러도 결코 잊힐 수 없고, 대한민국이 존재하는 한 되살아날 수밖에 없습니다.

저는 작년에 대한민국 제헌헌법과 세계인권선언을 대조해 읽어보면서 새삼 온몸에 전율이 흐르는 감동을 느꼈습니다. 그 둘은 같은 시대에 태어난 쌍둥이 형제 같았습니다. 1948년 12월 10일 제3차 UN 총회에서 세계인권선언이 채택되고, 바로 이틀 후, 12월 12일 UN 총회가 대한민국 정부를 승인하였습니다. 대한민국은 바로 그런 시대, 그런 때에 태어났습니다.

사람으로 치면 사주팔자가 좋은 것이고, 좋은 유전자를 갖고 태어난 것입니다. 제헌헌법은 제8조에서부터 제28조까지 국민의 권리를 보장하고 있습니다. 이른바 권리장전(權利章典)입니다. 그런데 그 내용은 세계인권선언이 인류 보편의(universal) 권리로서 규정하고 있는 것과 거의 동일합니다.

먼저 인권의 평등함(제8조)을 말하고, 신체의 자유(제9조), 거주와 이전의 자유(제10조), 통신의 비밀 보장(제11조), 신앙과 양심의 자유(제12조), 언론, 출판, 집회, 결사의 자유(제13조), 학문과 예술의 자유(제14조), 재산권(제15조) 등을 보장하고 있습니다.

그리고 제17조부터 제19조까지는 노동의 권리, 사회보장의 권리를 규정하고 있습니다. 즉 자유권뿐만 아니라 사회권을 보장하고 있는데, 세계인권선언 역시 노동, 교육, 사회보장 등 사회권을 세세하게 규정하고 있습니다. 우리나라 제헌헌법 제17조부터 제19조까지는 세계인권선언의 제22조부터 제25조에 해당됩니다.

나아가서 제16조에서는 균등하게 교육받을 권리를 보장하고 특히 "초등교육은 의무적이며 무상으로 한다"(!)고 규정하고 있습니다. 바로 이 헌법 정신에 따라 우리나라는 건국하면서 바로 초등 의무교육을 실시하여 해방 당시 78%에 달하던 문맹률이 1950년대 말에 이미 22%로 떨어졌습니다. 그런데 세계인권선언 제26조 1항을 보십시오.

"모든 사람은 교육을 받을 권리를 가진다. 교육은 최소한 초등 및 기초 단계에서는 무상이어야 한다. 초등교육은 의무적이어야 한다. 기술 및 직업교육은 일반적으로 접근이 가능하여야 하며, 고등교육은 모든 사람에게 실력에 근거하여 동등하게 접근 가능하여야 한다." 놀랍지 않습니까?

이 놀라운 세계인권선언을 기초한 사람은, 아시다시피 바로 프랭클린 루스벨트 대통령의 부인 엘리노어 루스벨트(Eleanor Roosevelt, 1884-1962)입니다. 그녀는 남편과 사별(死別)한 후에 UN 인권위원회 의장을 맡아서 세계인권선언의 초안을 썼습니다. 참혹한 전쟁이 끝난 후의 새로운 세상을 설계한 것입니다.

그런데 1948년 대한민국 제헌국회의 헌법기초위원회에서, 제9조 신체의 자유 조항에서 체포, 구금, 수색에는 법관의 영장이 있어야 한다고 규정하면서도 도피 또는 증거인멸의 염려가 있을 때에는 수사기관이 사후에 영장을 청구할 수 있다는 예외 조항을 두는 문제로 조봉암과 김준연이 큰소리로 논쟁하였습니다.

인권 보장의 원칙론을 펼쳤던 조봉암 의원은 무소속 소수파에 불과했지만 그의 뒤에는 시대적 배경과 국제적 배후가 있었기 때문에, 혼란한 해방정국에서 남로당을 비롯하여 대한민국 건국을 방해하는 여러 세력들을 다스려야 할 현실적인 필요를 말하는 한민당의 김준연, 동경제대와 베를린대학에서 법학을 전공한 김준연 의원과 당당하게 논쟁할 수 있었던 것입니다.

조봉암과 김준연의 격렬한 논쟁은 바로 대한민국 국회 내에서 벌어진 최초의 진보와 보수의 대립이고, 당시 대한민국의 건국을 도운 국제 세력, 미국 민주당 트루먼 정부와 영국 노동당 애틀리 정부, 그리고 그 지도하에 있는 영연방 나라들, 또 그들이 주도하는 UN은 진보의 편, 조봉암의 편에 가까웠습니다.

헌법 초안이 제헌국회 본회의에 제출되었을 때 가장 먼저 대체토론을 신청한 사람은 조봉암 의원이었습니다. 그가 헌법기초위원이었기 때문에 결국 서면으로 제출할 수밖에 없었던 그의 토론은 가장 탁월한 토론으로, 우리나라 헌법에 대한 가장 뛰어난 해석으로 남았습니다. "이 분이 언제 헌법학을 공부한 적이 있었던가?" 오랜 의문 끝에 저는 이 분 뒤에 어떤 국제적 배후를 느꼈습니다.

전쟁이 끝난 직후 1953년 8월 15일, 신익희 의장이 해외 출장 중이라 조봉암 부의장이 국회를 대표하여 라디오 방송으로 행한 광복절 기념사를 읽어보면 다시 한 번 온몸에 전율이 옵니다. 그 분은 우리가 목숨 바쳐 지켜야 할 가치, 자유와 인권, 민주주의에 대한 국제적 수준의 뚜렷한 개념을 갖고 있었습니다.

지금까지 조봉암은 초대 농림부장관을 맡아서 농지개혁을 추진하였기 때문에 제헌헌법 제86조의 정신을 실천에 옮긴 사람으로 주로 알려졌지만, 헌법의 다른 조문에 규정된 진보적 가치와 정신들도 가장 잘 이해하고 가장 분명하게 대변하는 정치인이었다는 점을 강조하여 말씀을 드립니다.

사실 저는 요즘 새삼 대한민국이 제2차 세계대전으로 탄생한 나라라는 사실을 뼈저리게 느끼고 있습니다. 한국의 해방과 독립은 카이로 선언에서 나타난 것처럼 그 거대하고 참혹한 인류사 최대 전쟁의 대의(大義)와 목표에 포함된 것이었습니다. 고대 이집트 문명을 나일강의 선물이라고 하였다면, 동서양 문명이 융합되어 꽃피는 현대 한국 문화는 제2차 세계대전의 선물이라고 말할 수 있을 것입니다.

그 참혹한 전쟁에서 기꺼이 목숨을 바친 수 천만 청년들을 전장(戰場)으로 이끈 숭고한 정신과 가치는 무엇이었던가요? 모든 인간은 평등하다는 믿음, 인종차별을 끝내고, 식민 지배 아래 노예 상태에 놓여있는 약소민족들을 해방시키자는 비전, 모든 인간이 자유와 민주주의를 누리게 하자는 약속이었습니다.

그런 점에서 제2차 세계대전은 인류 최대의 성전(聖戰)이었고, 그 전쟁을 이끈 최고의 지도자는 루스벨트 대통령과 그의 보좌관 해리 홉킨스, 그리고 부인 엘리노어 루스벨트였습니다. 그들은 무엇보다 새로운 세계에 대한 꿈을 꾼 이상주의자들이었고, 한국의 해방과 건국은 바로 그들의 이상이 실현된 것입니다.

물론 영국은 보수당의 처칠이 이끌었지만, 노동당과 거국내각을 구성하였고, 함께 복지국가를 만들었으며, 전쟁이 끝나자마자 노동당 애틀리 수상이 단독 집권하였습니다. 요컨대 영미의 진보가 제2차 세계대전을 주도하였고, UN을 만들었으며, 마침내 대한민국을 만들었습니다.

북한이 남침하였을 때는 영미가 주도하는 UN이 군대를 보내서 나라를 구해주었습니다. 그 당시 미국의 지도자는 민주당의 트루먼 대통령이었으며, 영국의 지도자는 노동당의 애틀리 수상이었습니다. 이 위태로운 신생국(新生國)을 구해준 건 영미의 보수가 아니라 진보였습니다. 만약 당시에 고립주의 전통의 공화당이 미국 정부를 맡고 있었다면 과연 전쟁 발발 3일 만에 파병을 결정할 수 있었을까요?

그래서 당연하게 대한민국에는 영미의 보수주의가 아닌 진보주의의 유전자가 깊이 심어졌으며, 그 유전자를 대표하는 인물은 조봉암이었다고 저는 생각합니다. 그 조봉암을 죽임으로써 선을 넘은 이승만에 대한 국제사회의 인내는 한계에 도달하고 마침내 몇 달 후에 미국을 비롯한 국제사회는 이승만을 권좌로부터 축출할 기회를 놓치지 않습니다.

물론 대한민국이 국제 사회가 원래 설계한 만큼 자유와 인권, 민주주의가 보장되는 나라로 발전하는 데는 그 후로도 오랜 시간이 흘러야 했습니다. 대법원 재심으로 조봉암 선생이 무죄 판결을 받은 해가 2011년이라는 사실도 우연이 아닙니다. 바로 그때가 한국의 인권과 민주주의가 국제 기준에 도달한 시점인 것입니다.

그래서 저는 이렇게 말씀을 드립니다. "1946년 6월 조봉암의 전향은 친소 공산주의로부터 영미 진보, 사회주의로의 전향이었다." 이렇게 말하면 이상하게 들리는가요? 한국전쟁을 치른 후 대한민국은 공산주의와 사회주의를 구분하지 못하는 반지성(反知性)의 나라가 되었습니다. 우리도 영향을 받고 있습니다.

하지만 세계적으로 사회주의는 중도좌파(left of center)를 의미하고, 조지 오웰이 상징하듯 공산주의를 비판하는 데 가장 날카롭고 반공(反共)전선에서는 가장 효과적인 투쟁을 전개하였습니다. 그러나 전쟁을 치른 한국은 사회주의를 사회주의라 부르지 못하는 나라가 되었습니다.

그래서 전쟁 전인 1948년 12월에 한독당을 탈당한 조소앙은 '사회당'을 창당하고, 또 이승만 대통령이 축사까지 하여 격려를 하였지만, 전후(戰後) 조봉암은 '진보당'이라는 간판을 내걸었으며 당 기관지의 제호(題號)로 중앙정치(中央政治)라고 하고 자신의 노선이 'center of center'임을 강조하였습니다. 하지만 끝없는 정적들의 의도된 무지와 색맹(色盲)에 시달렸습니다.

그러나 조봉암의 전향은 분명하고, 또 큰 의미를 가진 것입니다. 1946년 8월 한독당을 탈당한 신익희의 노선 전환과 함께 대한민국의 정통성에 큰 뜻을 가지고 있습니다. 특히 조봉암의 경우는 그가 아니었으면 이른바 '3·1운동의 아이들', 대정 데모크라시의 청년들, 해방 당시 생존한 독립운동 경력자의 다수를 차지하는 한 세대가 대한민국 건국에 몽땅 다 참여하지 않을 뻔했습니다.

해방 후 우리나라에 들어와서 군정을 펼치고 있던 미국 민주당 정부, 이를 돕고 있던 영연방 여러 나라 정부들, 이들의 설득을 받아들여 전향을 한 조봉암이 어디로 갈 수 있었겠습니까? 한국 전쟁 직후, 1954년에 죽산이 쓴 「우리의 당면과업」이라는 책을 읽어보면 영국 노동당 이야기를 많이 하고 있습니다. 그리고 영미(英美)식 의회 민주주의를 말하고 있습니다.

평화통일론도 사실 별다른 이야기가 아닙니다. 조봉암의 평화통일론은 사실 국제사회에서 바라볼 때는 너무나 당연한 이야기를 한 것일 뿐입니다. 저는 이렇게 생각합니다. 한반도 사람들의 언어 습관은 남다른 데가 있습니다. 지금도 남북한이 서로에게 쏟아붙는 말 폭탄을 듣고 있으면 내일이라도 전쟁이 터질 것 같습니다. 그래서 당시의 미국 사람들은 겨우겨우 휴전을 시켜놓았더니 또 금방 전쟁이 터질까 걱정스런 눈빛으로 한반도를 바라보았을 겁니다.

그래서 이승만의 북진통일론을 견제할 세력이 등장하기를 바라고, 조봉암에게 그런 역할을 바랐던 것이 아닐까 싶습니다. 즉 조봉암의 평화통일론은 북한의 요구로 내걸었던 것이 아니라 미국을 비롯한 국제 사회의 요구로 내건 것이라는 말씀입니다.

단일 야당 운동에서 조봉암을 배제하려고 한 사람들도 있었지만, 다른 사람들도 있었습니다. 인촌 김성수는 "죽산을 배제하지 말라"는 유언을 남겼습니다. 함께 진보당을 창당했던 서상일은 누구입니까? 제헌국회의 헌법기초위원장이었습니다. 나중에 죽산 구명운동을 한 장택상과 윤치영은 또 누구입니까? 이 분들은 모두 대한민국 탄생의 주역들이었습니다.

그렇기 때문에 조봉암이 죽었다고 영미 진보의 유전자가 사라지지는 않았습니다. 그것은 다시 살아나서 대한민국을 민주주의 선진국으로 만들고, 문화대국으로 만들었습니다. 자유와 인권의 나라로 만들었습니다.

이런 사실은 아무리 강조하여도 지나침이 없다고 저는 생각합니다. 특히 친중 친북 주사파가 우리나라 진보를 오염시키고 있는 이 때, 건국 당시에 조봉암이 대표하였던 중도좌파 영미 진보의 역사가 재발견되어야 할 시급한 현실적 필요가 있습니다. 지금까지는 조봉암을 친중 친북 NL 좌파가 아전인수(我田引水)하여 반이승만 나아가 반(反)대한민국 정서를 확산시키는 재료로 삼았습니다.

영미 진보의 유전자를 되살린 대한민국 중심주의 중도좌파가 서야 나라가 산다고 저는 생각합니다. 그래야만 중도우파와 중도좌파가 공존하고 외교 안보 문제에서는 협력하는 그런 성숙한 선진국 민주주의가 정착될 수 있습니다.

한 가지 더 말씀드리겠습니다. 저는 조봉암의 전향이 정치적 타산에 의한 변신이거나 심지어 위장전향이라고 믿는 분들이 여전히 있음을 잘 알고 있습니다. 하지만 그들은 인간과 시대에 대해 피상적인 인식을 하는 사람들입니다.

꼬뮤니스트가 극우 파시시트가 되는 것보다 꼬뮤니스트가 중도좌파 사회주의자나 중도우파 자유주의자가 되는 것이 더 어렵습니다. 왜냐 하면 이들 중도의 철학적 베이스가, 전혀 다른 경험주의이기 때문입니다. 후진국 사람이 선진국 사람이 되고, 전근대인이 근대인이 되어야 하는 매우 어려운 과정입니다.

조봉암이 33세에 되던 1932년에 상하이에서 체포되면서 그의 코민테른 활동은 끝나고 해방이 되어 활동을 재개할 때는 46세의 장년이었습니다. 그 13년은 하루하루가 절벽 낭떠러지에 선 것 같은 긴장과 변화의 시간들이었습니다.

추운 신의주 감옥에서 7년이란 장기간 감옥살이하면서 감기를 한 번도 앓지 않고, 간수들과 한 번도 다툰 적이 없고, 입소할 때와 출옥하실 때 몸무게가 같았다는 말씀에 숙연해집니다. 저도 젊은 시절 감옥살이를 여러 번 해보았지만 칼날이 시퍼렇게 선 그 분의 7년 감옥 생활은 어떤 고승(高僧)의 고행이나 참선보다 더 지독한 '도 닦기'입니다.

그런 생활 속에서 사색과 성찰의 깊이는 헤아리기 힘들다고 생각합니다. 또 출옥 후 중일전쟁과 태평양전쟁의 시기에 인천에서 서민들과 함께 살아가면서 대중에 대하여 깊이 이해하게 되었을 것입니다. 분명 1946년 6월의 전향은 청년 혁명가 조봉암이 원숙한 중년의 대중 정치인으로 거듭나는 과정이었습니다.

제가 어릴 때는 '쓰리쿼터'라는 트럭이 있었습니다. 아마 해방 후에 미군들이 갖고 들어온 소형 트럭이라 미국 사람들이 부르는 대로 다들, 무슨 뜻인지도 모르고 그렇게 불렀나 봅니다. 그런데 며칠 전부터 그 트럭이 생각나고, 아마 적재 중량이 '4분의 3톤'이지 않았을까 하는 생각이 들었습니다.

저는 요즘 대한민국이 한 세기(century), 1백년의 4분의 3, 즉 쓰리쿼터가 지나갔다는 사실을 자꾸 생각하고 있습니다. 이제 마지막 한 쿼터가 남았습니다. 대한민국 100년의 역사를 4악장으로 이루어진 교향곡이라고 한다면 1948년부터 1972년까지 제 1악장, 1973년부터 1997년까지 제 2악장, 1998년부터 2022년까지 제 3악장이 끝났습니다. 이제 대한민국 기적의 100년, 제 4악장이 남아있습니다.

그러면서 한국의 지식인들 사이에 새로운 흐름이 나타나고 있습니다. 그것은 대한민국에 대한 새삼스런 관심입니다. 사실 저희가 젊었을 때만 하더라도 대한민국에 대한 관심이 별로 없었습니다. 동아시아의 동쪽 끝에 옹색하게 매달려 있는 대한민국이란 나라가 이렇게 발전하여 세계적인 나라가 될 줄도 몰랐습니다. 당시에 유행한 '분단체제'라는 말은 무엇입니까? 불안정하고 자연스럽지 못하고 오래갈 수 없는 체제라는 말이 아닙니까?

나라가 만들어진지 30년이 지나도 안정된 존재로 인식되지 않았는데, 처음 건국되었을 때는 말할 나위도 없었습니다. 대한민국이 건국되던 시기, 1948년이나 49년이 어떤 때입니까? 국공내전에서 모택동의 공산당이 장개석의 국민당을 압도하기 시작하던 때, 즉 세계 최대의 나라 중국이 통째로 공산화되어 중화인민공화국이 성립되던 때입니다.

갓 태어난 대한민국은 미군만 철수하고 나면 유아사망(幼兒死亡)하고 말 것이라는 비관적인 판단은 한 두 사람만 가진 것이 아니었습니다. 그런 분위기에서 대한민국이란 신생아의 유전자에 무엇이 들어있고, 어떤 잠재력을 가지고 있는지에 크게 관심을 갖지 않았습니다. "과연 이 병약한 아이가 얼마까지 살아남을 것인가?"만이 유일한 관심의 대상이었습니다.

하지만 75년이 지난 지금은 분위기가 완전히 달라졌습니다. 과연 어떤 유전자가 내재되어 있기에 제2차 세계대전 이후에 독립한 나라 중에 유일하게 선진국이 되었는가? 이 나라는 어떤 가치, 어떤 이상에 따라 만들어진 나라인가? 어떤 사람들이 이 나라를 만드는 데 중요한 역할을 하였는가? 사람들은 이런 질문을 던지기 시작하였고, 그 많은 신생국들 가운데 유독 대한민국만이 이렇게 발전한 이유를 알고 싶어 하는 사람들이 많아졌습니다.

그래서 이승만, 조만식, 김성수, 신익희, 조봉암을 비롯한 건국 시기에 활약한 지도자들에 대한 관심도 높아지고 있습니다. 또 대한민국의 헌법을 비롯한 법률과 제도가 하나하나 만들어진 제헌국회에 대한 관심도 높아지고 있습니다. 최근에 제헌국회 속기록을 읽는 지식인 그룹들이 나타나고, 이들이 쓴 책들이 출판되고 있습니다. 저는 그 중에서 이영일 전 의원이 쓴 「건국사 재인식」이라는 책과 권기돈 박사가 쓴 「오늘이 온다」라는 책을 읽어보았습니다.

저는 그 책들을 읽으면서, 급히 피난길에 오른 조봉암 국회부의장이 피난을 떠나면서 차에 실었던, 그 짐 때문에 가족을 데리고 가지 못했던, 주요 국회 문서 중에는 바로 제헌국회의 속기록도 있지 않았을까 하는 상상도 해보았습니다.

두서없는 이야기를 들어주셔서 감사합니다.

그래서 자유와 인권, 민주주의 같은 가치들을 조선에 가져다준 선교사들과
또 이를 받아들인 선각자들을 기억하고, 3·1운동에서 이런 가치를 보편화시킨
서북과 호남의 부르주아지들, 근대인들, 해방 정국에서 바로 이런 가치로
새로운 나라를 만든 분들에게 감사를 해야 한다고 저는 생각합니다.
그러면서 우리 안에 꿈틀거리는 '신양반사회의 향수'를 적절한 선에서 달래면서
앞으로 나아가야 한다고 생각합니다.

# 세계에 빚진 근대화가 남긴
# 우리 안의 전근대

- 심포지엄 「대한민국 75년, 근대의 길을 다시 묻다」 토론 -

일시 : 2023년 6월 23일
장소 : 출판문화회관
주최 : 서래포럼

# 세계에 빚진 근대화가 남긴 우리 안의 전근대

> 2023년 6월 23일
> 출판문화회관

우리나라의 여러 가지 문제를 성찰하면서 뜻밖에 발견하는, 조선으로의 회귀(回歸)라는 반동적(反動的)(?)이고 걱정스런 현상을 깊이 연구하기 위하여 '서래포럼'이 결성되고 지난 1년 동안의 성과로 오늘 이런 좋은 토론의 자리도 만들어주신 것에 대하여 감사를 드립니다. 특히 제가 존경하는 이승렬 교수의 발제에 대하여 논평을 맡게 된 데 대하여 큰 영광으로 생각합니다.

대한민국이 건국된 이후, 범국민적 운동으로 '일제(日帝)의 잔재'를 청산하기 위해 우리는 많은 노력을 기울여 왔습니다. 단적으로 저가 어릴 때만 하더라도 일본말 단어가 일상생활에서 많이 쓰이고 있었습니다. 바로 피부로 느낄 수 있는 일제의 잔재였습니다. 그래서 최현배 선생을 비롯한 여러 선생님들이 노력하여 일본말을 몰아내고 우리말로 바꾸었습니다.

그런데 근간에 와서 일제를 몰아내니 조선이 돌아온다는 기묘한 현상을 우리는 보고 있습니다. 중앙청이라 부르던 조선총독부 건물을 철거하고 나니 경복궁이 나타나는 현상입니다. 저는 남산을 굳이 목멱산이라고 부르고 남대문을 숭례문이라고 불러야 고급스럽다는(?) 심리를 이해할 수 없습니다. 근대 평민의 문화보다 조선의 양반 문화를 더 높이 본다는 느낌입니다.

저는 이 대목에서 우리나라가 이렇게 자본주의, 민주주의 등이 발전하였음에도 불구하고, 아니 그 최대의 수혜자들인 한국의 Upper Middle Class가 세계 상위 1%의 생활을 누리고 있음에도 불구하고, 환부역조(換父易祖)의 탓인지 자신의 정체성에 대한 인식이 불명확하고 자부심이 부족하여 그 뿌리를 엉뚱한 데서, 조선의 양반에서 찾고 있는 건 아닌가 하는 느낌을 받습니다.

생각해보면, 조선의 양반은 서양 문명에 저항한 자들, 일제에 나라를 빼앗긴 피해자들(위정척사파!)인데 그 정서도 물려 받게 됩니다. '변절'하지 않은 자에 대한 숭배, 실은 본인들이 그렇게 살지 못하는데 대한 정신분열적인 편집증도 물려 받고 있습니다. 그러면 밝고 진취적인 마음을 갖기 힘듭니다. 민주공화국의 당당한 주인으로서 시민의식, 책임감도 갖기 힘듭니다.

대한민국은 영미가 주도하는 제2차 세계대전 이후 UN 체제 하에서 자유무역의 세계 자본주의, 그리고 내부 정치적으로는 의회민주주의에 기초하여 발전해왔는데, 이를 우리 자신이 주도적으로 받아들이고 자발적으로 선택한 것이 아니라 '외세에 의해' 강요된 것으로 인식하게 되면 자부심을 가질 수 없을 것입니다. 하지만 우리에게 어떤 빚짐과 행운이 있었다면 그 빚짐과 행운에 대하여 감사를 해야 할 것입니다.

이승렬 교수의 연구는 한국의 근대화가 세계와의 접촉 속에서 형성된, 특히 평민 출신의 주체들에 의해 이루어진 것이고, 여러 세대에 걸친 각고(刻苦)의 노력들이 누적되어 오늘날의 대한민국이 이루어졌다는 사실을 밝히고 있습니다. 그래서 비로소 우리는 우리 자신을 긍정할 수 있으며, 또 고생한 여러 세대의 조상들에 대하여 감사할 수 있게 됩니다.

특히 한민당에 대한 이승렬 교수의 새로운 시각은 가장 큰 문제를 해결해주셨습니다. 한민당을 근대 부르주아지로 인식하게 되면 한국근현대사를 보편 이론으로 설명할 수 있게 됩니다. 그 한계도 이해하게 됩니다. 특히 한민당의 주축인 호남의 지주들에게 덧씌워진 봉건적, 친일적, 기생적, 무위도식하는 등의 당파적 프레임을 벗겨내면 전혀 다른 역사관이 모습을 드러내게 됩니다.

박헌영의 「8월 테제」는 힘주어서 조선 혁명의 현 단계는 부르주아 민주주의 혁명의 단계라고 선언하면서 장안파를 기회주의자로 몰아세우는 말들을 쏟아냅니다. 내셔널 부르주아지, 즉 한민당과의 연합전선으로 먼저 부르주아민주주의 혁명을 하고 독립 국가를 세울 때라고 주장합니다.

그런 노선에 따른 '조선인민공화국'의 구성, 조각(組閣)의 인물 배치는 흥미롭습니다. 그런데 조선공산당의 주류 경성콤그룹은 인민공화국을 선포한 1945년 9월 6일 이후에는 스스로 선언한 이 노선으로부터 이탈합니다. 비주류였던 조봉암이 오히려 「8월 테제」의 노선을 충실하게 지켜서 대한민국에 참여하였고, 그의 선택이 옳았음을 지난 75년 대한민국의 역사가 증명하고 있습니다.

거대한 중국의 향방이 결정되지 않은 상황 속에서 소련은 조선을 자유롭게 스스로의 길을 가도록 내버려 둘 수 없었습니다. 동유럽전선에서 수백만 명의 인명을 바친 그 피의 대가를 요구하는 소련은 북조선을 먼저 안정적으로 확보한 후에 만주를 장악하고, 이를 배경으로 중국을 공산화하려고 하였습니다. 그러니까 그 수족으로서 박헌영은 스스로가 쓴 「8월 테제」의 잉크가 마르기도 전에 이를 배반하고 북한의 김일성 정권 수립을 지지하게 되었습니다.

광화문, 대한문, 성문마다 신체 건장한 알바 청년들에게 비단 옷을 입혀서 보초를 세우는 모습을 보면서 관광 상품도 도가 지나치다는 느낌을 받습니다. "아, 우리가 배가 부르구나!" 하는 생각을 하게 됩니다. 우리나라가 여러 면에서 크게, 기적적으로 발전하여 우리의 자존심이 높아지다 보니 자연히 '우리 것'들을 미화(美化), 세탁하여 드러내고 싶은 것도 자연스런 현상이라고 하겠습니다.

하지만 우리는 어떤 지점에서 멈추고 돌아보아야 할 것입니다. 저는 이승렬 교수가 「근대 시민의 형성과 대한민국」이라는 역저(力著)를 통하여, 또 오늘의 발제를 통하여 멈추어야 할 하나의 지점을 제시하였다고 믿습니다. 제 식으로 표현하자면 그 지점은 대한민국, 대한민국의 탄생이라는 지점입니다. 대한민국의 뿌리, 대한민국의 탄생에 대하여 관심을 더 많이 기울일 필요가 있습니다.

대한민국은 근대인들이 만든 근대 시민의 민주공화국이었으며, 우리는 이런 나라를 만들어주신 조상들에 대하여 감사를 해야 한다고 저는 믿습니다. 그리고 지금 나타나는 근대 이전으로의 퇴행 현상은 이런 근대국가 대한민국에 대한 인식이 부족한 사람들 사이에서 나타나는 이상 징후라고 저는 생각합니다.

　그래서 자유와 인권, 민주주의 같은 가치들을 조선에 가져다준 선교사들과 또 이를 받아들인 선각자들을 기억하고, 3·1운동에서 이런 가치를 보편화시킨 서북과 호남의 부르주아지들, 근대인들, 해방 정국에서 바로 이런 가치로 새로운 나라를 만든 분들에게 감사를 해야 한다고 저는 생각합니다. 그러면서 우리 안에 꿈틀거리는 '신양반사회의 향수'를 적절한 선에서 달래면서 앞으로 나아가야 한다고 생각합니다.

　그런데 우리나라 지식인들 가운데 헌법기초위원장 서상일의 이름도 모르는 사람, 제헌국회의 스타 의원 조헌영이 누군지에 관심도 없고, 김성수, 송진우, 장덕수, 김준연, 조병옥, 이인, 김병로, 유진오 같은 기라성 같은 인물들이 만든 한민당에 대하여 '친일 지주들의 정당'이라는 한 마디로 치부하고 마는 사람들이 너무나 많습니다. 걱정스럽습니다.

# 대한민국의 건국과 현대사를 어떻게 가르칠 것인가?

- 토론회 「우리나라 근현대사 교육의 문제점과 대안」 발제 -

일시 : 2023년 9월 21일
장소 : 한국프레스센터 외신기자클럽
주관 : 한국교육포럼

# 대한민국의 건국과 현대사를 어떻게 가르칠 것인가?

> 2023년 9월 21일
> 한국프레스센터 외신기자클럽

　이 행사를 기획하시는 분들이 아마추어 역사학도에게 과분한 과제를 주셨습니다. 저가 행사 취지에 맞지 않는 엉뚱한 소리를 하면서 아까운 시간을 낭비하더라도 이는 제 책임이 아닙니다. 우리나라 역사 교육이 실제로 이루어지고 있는 현장의 사정을 잘 모르니, 뜬 구름 잡는 이야기를 해보겠습니다.

　나는 1973년에 대학에 입학하였습니다. 이 때는 대한민국이 건국된 지 25년밖에 되지 않았습니다. 그러니까 우리를 가르친 선생님들은 대개 해방 전에 초등학교에 입학하신 분들입니다. 이 분들에게 대한민국은 아직 확실하게 자리 잡은 존재, 안정된 존재가 아니었습니다. 앞으로 어떻게 될 지, 얼마나 유지될 지 모르는 나라였습니다.

　그러니 나라, 국가보다는 민족을 가르쳤습니다. 그 분들의 마음 속 스승은 단재 신채호가 아니었나 싶습니다. 물론 실제 지식은 이병도 선생

등이 물려주신 것이었겠지요. 몸에는 일제시대 학교에서, 혹은 일본인 교사들에게 배운 윤리나 태도, 가치관도 실은 많이 갖고 있었습니다. 하지만 머리로는 이를 지워야 했습니다. 그래서 과장된 언어 표현을 많이 사용했습니다.

게다가 참혹한 전쟁이 끝난 지는 불과 20년, 모든 어른들의 마음속에는 큰 상처, 트라우마가 치유되지 않은 채 남아 있었습니다. 민족상잔(民族相殘)의 참혹한 전쟁을 이야기했습니다. 전쟁 중에는 기억하기 싫고 민족적 자존심이 상하는 일도 많았습니다. 일종의 정신분열도 있었다고 생각됩니다. 그래서 더욱 교실에서는 민족적 자존심을 되살리기 위하여 애를 썼습니다.

지루한 중일전쟁과 태평양전쟁을 거치는 그 시대에 그 전쟁이 끝나면 혹시 한반도가 소련의 영향권에 들어갈 것이라 예상한 사람들도 있었을 것이고, 영미(英美)의 영향권에 들어가기를 바라는 사람도 있었겠지만, 38도선으로 나누어서 미군과 소련군이 점령하게 되리라고 예상한 사람은 많지 않았을 것입니다.

게다가 이로 인하여 좁은 한반도에 두 개의 나라가 만들어지고, 또 큰 전쟁까지 일어나서 수백만이 사상(死傷)하는 참사를 예상한 사람은 아마 없었을 것입니다. 맨 정신으로 마주하기 힘들고, 냉정하게 설명할 수 없는 일이었습니다.

그래서 한국에서 한국 근현대사는 학문이라고 할 만한 모습을 갖추기 힘들지 않았나 싶습니다. 결국 자신들도 이해하지 못하는 기억과 경험을 가진 스승과 철없는 제자들의 만남을 통해서 민족주의 판타지는 구름처럼 부풀어 올랐습니다. 그런 배경에서 강만길(1933-2023) 류의 분단사관도 나오고 「해방전후사의 인식」도 나오지 않았나 싶습니다.

요컨대 대한민국은 아직 하나의 온전한 나라가 아니었고, 독립적으로 그 기원과 탄생과 성장 발전 등을 역사로 서술할 대상이 아니었던 것입니다. 거기다 1973년 시점에서 본다면 근간에 겪었던 일들이 과도한 흥분을 불러일으키고, 뜻밖의 일과 이해할 수 없는 일로 가득 차 있었습니다. 그래서 나라의 역사는 없고, 민족의 역사만 있었습니다.

지금도 내 손자가 어린이집에서 배우는 노래는 "아름다운 이 땅에 금수강산에, 단군 할아버지가 터 잡으시고, 홍익인간 뜻으로 나라 세우니"로 시작됩니다.

1973년으로부터 50년 세월이 흘렀습니다. 지난 50년 사이에 대한민국이라는 나라가 세계 일류 국가, 성공한 나라가 되었습니다. 대한민국 건국 75년이 되면서 스토리도 쌓였습니다. 그 스토리는 기적이라 부를 만큼 대단한 이야기, 신화(神話)입니다. 이제 대한민국 자체의 역사 서술이 가능하고 필요한 때가 되었습니다.

되돌아보면, 1898년 우리 조상들이 민주공화국의 꿈을 갖기 시작한 후로 50년의 긴 세월 동안 한반도 안과 밖에서 내이션 빌딩(nation building)과 스테이트 빌딩(state building)을 함께 추진하여 마침내 1948년에 UN의 도움으로 나라를 세우니, 한반도 인구의 3분의 2가 참여한 민주공화국 대한민국이었습니다. 그 후 또 75년 세월이 흘러 이제 지난 125년의 역사를 말할 수 있게 되었습니다.

그래서 저는 대한민국 중심주의를 분명히 해야 한다고 봅니다. 대한민국이라는 나라의 건국이 기적이라는 관점에서, 대한민국 건국의 시대적, 세계사적 배경을 서술해야 한다고 봅니다. 이렇게 멋진 나라가 동아시아 한반도에 세워질 수 있었던 시대 상황을 이야기해주어야 한다고 봅니다.

이런 생각으로 저는 우리나라 근현대사를 가르치는 데 있어서 우리가 염두에 두어야 할 기준을 다음과 같이 정리해보았습니다.

저는 먼저 대한민국 중심주의, 즉 민족이 아니라 나라를 중심으로 역사를 서술해야 한다. 대한민국의 용비어천가(龍飛御天歌)가 필요하고 가능한 시점이다. 두 번째로 이를 서술할 때 왕조사(王朝史)가 아닌 민주공화국의 역사로 서술해야 한다. 그래서 영웅사관을 경계하고 대중사관을 견지해야 한다. 세 번째로 국민통합에 기여하는 역사, 진보와 보수가 공유할 수 있는 건국사를 써야 한다. 네 번째로 세계사의 일부로 대한민국 역사를 써야 한다. 그래서 미래의 더 큰 대한민국, 제국의 비전과 자연스럽게 연결될 수 있도록 해야 한다. 다섯 번째로 성숙한 시민을 양성하는 역사교육이 되어야 한다. 긍정과 감사의 언어로 다음 세대가 조상들에 대한 감사의 마음을 가지고 훌륭한 점을 본받음으로써 앞으로 영구히 우리 후손들이 잘 사는 나라가 될 수 있도록 가르쳐야 한다.

이렇게 다섯 가지를 말씀드리겠습니다.

## 1. 대한민국 중심주의

거듭 말씀드리지만, 「해방전후사의 인식」이 출판될 당시에는 건국된지 30년 밖에 되지 않았던 시점이라 대한민국이 그렇게 안정된 존재가 아니었고, 과연 이 나라가 언제까지 유지될지 모르던 시점이었습니다. 그래서 대한민국이라는 나라의 역사보다는 민족의 역사를 쓰고 공부하였던 것 같습니다.

이제는 대한민국이라는 나라가 4분의 3세기, 75년이라는 짧지 않은 역사를 가질 뿐만 아니라 눈부신 발전을 거듭하여 선진국이 되었습니다. 또 이제 대한민국에 태어나서 자란 사람들이 국민의 대다수를 차지하게 되었습니다. 2048년에 맞이할 대한민국 100년까지 앞으로 25년 동안 역사교육은 크게 달라야 할 것입니다.

예를 들어보겠습니다. 5·10총선을 기념하는 날이 선거관리위원회가 지정한 '유권자의 날'로 기념되고 있으나 실제로 국민들은 거의 모릅니다. 하지만 이 날은 한반도에서 최초로 자유선거, 보통, 평등, 직접, 비밀 선거가 이루어진 날, 즉 민주주의가 시작된 날이고, 대한민국의 정당성, 정통성은 바로 이 선거로 제헌국회를 구성하였다는 사실에 근거를 두고 있습니다. 이를 근거로 UN은 대한민국을 한반도 유일의 합법 정부로 인정하였습니다. 그렇다면 실은 이 날이야말로 엄청나게 중요한 날로 기념되어야 할 것입니다.

하지만 우리는 이 날을 대수롭지 않게 생각하고 있습니다. 그만큼 대한민국을 대수롭지 않게 생각했던 것이 아닐까 싶습니다. 실재(實在)하지 않았던 단군 할아버지는 가르치면서, 100명에 가까운 희생자를 내면서 남로당 등의 반대와 한독당 등의 보이코트 속에, 멀리서 UN이 파견한 세계인들이 참여하고 지원하는 가운데 치러진 제헌국회 선거는 왜 가르치지 않았던 것일까요?

뜻밖에도 우리나라 역사학계의 현실은 바로 대한민국 중심주의로 가는 길에서 가장 힘든 장애가 아닐까 싶습니다. 나라가 없던 일제시대에 학문으로서 우리나라 근대 역사학이 태동되었으니 당연히 민족사가 될 수밖에 없었을 것 같습니다. 거기다 역대 정부는 민족주의 이념 자원을 동원하기 위해서 물불 가리지 않다보니, 역사를 정치적 필요에 따라 왜곡해왔습니다.

민영환, 최익현, 이준, 조병세, 이강년, 허위 같은 대한제국의 충신들에게 대한민국이 건국훈장, 최고등급 대한민국장을 추서하였습니다. 죄다 1962년에 추서하였습니다. 건국한 지 14년밖에 되지 않은 때였습니다. 대한민국과 대한제국도 구분하지 못하던 시기였습니다. 그리고 박정희 군사정부가 민정 이양을 하기 전입니다. 매우 정치적인 필요에 따른 건국훈장 남발이었습니다.

심산 김창숙 선생이 1962년 돌아가시자마자 바로 건국훈장 대한민국장을 추서하였습니다. 심산은 반 이승만 세력, 4·19 세력의 정신적 지주였기 때문이 아닐까 짐작이 됩니다. 그런데 같은 해에 인촌 김성수 선생은 한 등급 아래 대통령장을 추서하였습니다. 하지만 대한민국의 건국에서 공로를 따진다면 인촌이 어찌 심산에 비할 바이겠습니까?

그런데 그로부터 56년이 흐른 후 2018년에 인촌 김성수는 그 이등급 서훈마저 박탈당하는 수모를 겪고 있습니다. 그야말로 대한민국이 환부역조(換父易祖)의 패륜을 저지르고 있는 것입니다. 이런 짓을 하고도 우리 후손들이 자유와 풍요를 누리기를 바랄 수 있을까요?

하지만 이런 상황은 하루 이틀에 만들어진 것이 아닙니다. 정치적 필요에 의한 조치들이 켜켜이 쌓여서 오늘을 이루었습니다. 지금에 와서 '우파'들이 하듯이 반일 민족주의를 '좌파' 탓을 하거나 북한의 지령을 탓하고 넘어갈 일이 아닙니다.

1950대에는 친일 잔재를 몰아내자는 캠페인이 격렬하게 전개되고 일본말 단어들을 우리말로 바꾸려는 노력이 최현배 선생 등의 주도로 전개됩니다. 실제로 그럴 필요가 있었습니다. 또 1960, 70년대 박정희 정권 시기에는 일본을 따라잡아서 결국 일본을 이기자는 극일(克日)이 나라의 목표로 제시되었습니다. 이 때 이순신 장군을 성웅(聖雄)으로 받드는 작업을 이은상 선생이 맡아서 하였습니다.

남산공원에 백범 김구 동상도 1969년에 세워졌습니다. 이승만의 동상이 무너진 자리에 세웠으니, 바로 이승만을 김구로 대체한 것입니다.

그리고 1980년대에 「해방전후사의 인식」이 시리즈로 나오고 여기서 제시된 프레임이 아주 최근까지도 대중의 역사관, 세계관, 문화를 지배하고 있습니다. 그러니까 반일 민족주의가 지성(知性)을 마비시키고 있는 지금의 한국 사회, 반(反)대한민국적인 역사관이 지배하는 이 문화적 분위기가 '우파'가 말하듯이 '좌파'의 선전·선동의 결과만이 아니라 오래

된 정책과 다양한 노력들의 누적 효과라는 것입니다.

이제 대한민국 중심으로 역사를 다시 써야 할 때입니다. 그리고 우리 후손들을 새로운 역사로 교육해야 할 때입니다. 우리 사회가 인촌 김성수를 대하는 태도를 보면서 저는 "할아버지가 남의 집 머슴살이라도 해서 자식들 키우고 집안을 일으켜 놓았더니 나중에 그 손자가 제 할아버지가 부끄럽다고 남의 할아버지 위패를 모셔놓고 제사 지내는 꼴"이라는 생각이 들었습니다.

조선왕조의 사회경제적 기반, 전근대적 신분 질서를 타파한 갑오개혁을 책임진 김홍집 총리를 저는 밭을 갈아엎은 분이라고 봅니다. 그리고 근대문명과 만민평등의 사회와 민주공화국의 꿈을 청년들의 마음에 심은 서재필을 씨를 뿌린 사람이라고 부릅니다. 그리고 이들 청년들을 보살핀 이상재를 싹을 가꾼 사람이라고 부릅니다.

그리고 이들이 키운 새로운 세대, 상하이 임시정부의 세 지도자 이동휘, 이승만, 안창호가 있었습니다. 함경도 단천 아전(衙前)의 아들 이동휘와 평안도 농민의 아들 안창호, 차별받던 지역 평민의 자식들이 몰락 양반의 후예 이승만과 나란히 독립운동의 지도자가 된 것, 그 자체가 감동적인 장면이었습니다.

그리고 해방 후까지 살아남은 이승만이 마침내 조선민주당 당수 조만식을 정신적 지도자로 하는 월남민들과, 김성수를 지도자로 하는 한국민주당과 신익희를 대표로하는 한국독립당 일부와 조봉암을 대표로 하는 조선공산당 일부와 손을 잡고 대한민국을 세웠습니다. 이렇게 열 분을 줄기로 삼아야 대한민국 중심의 근현대사 서술이 가능하다고 저는 생각합니다.

### 2. 민주공화국에는 '나라 세운 할아버지들'이 어울린다!

이승만 대통령 기념관을 세운다고 하니 자유민주당(대표 고영주)에서는 "국부 이승만 대통령 기념관 건립을 환영한다!"는 현수막을 거리에 내걸었습니다. 저는 버스를 타고 가다 이를 보고 "도와주지 않는구나!"라고 생각하였습니다. 국부(國父)라는 단어가 나오는 순간 거부감을 불러일으킨다고 저는 생각합니다.

'국부'라고 하면 떠오르는 사람은 중화민국의 손문(孫文)이나 인도의 마하트마 간디 같은 사람들입니다. 그런 나라들은 엄청나게 큰 영토와 다양한 인종을 통합하여 하나의 나라를 세운, 그래서 국민통합의 상징적 존재가 필요한 경우들이라고 생각됩니다. 우리나라와는 사정이 크게 다릅니다.

한때 우리나라도 흡사 국호를 중화민국을 흉내 내어 대한민국이라고 지은 것과 마찬가지로 중화민국이 손문을 국부로 모시는 걸 보고서 이승만 대통령을 국부로 모셨습니다. 학교 교실에는 이승만 대통령의 사진을 걸어놓고 있었습니다. 하지만 이런 관행은 4·19혁명으로 폐기되었습니다. 그런데 지금 다시 '국부 이승만' 같은 말을 하면 4·19혁명 이전으로 돌아가자는 반역사적, 반동적 행위로 비판받지 않을 수 없습니다.

고대 민주주의 나라 아테네에서는 도편추방(陶片追放)이라는 제도가 있었습니다. 페르시아 전쟁의 영웅 테미스토클레스를 참주가 될 우려가 있다고 해서 도편추방을 하여 10년 동안 해외에서 떠돌도록 하였습니다. 의미심장한 일입니다. 이 역사적 사실은 "민주정체에 국부는 필요 없다!"고 외치는 듯합니다.

사실 우리나라 민주주의도 두 차례 개헌을 해서 장기집권을 하였다는 것 이외에는 다른 나라들의 독재자들에 비하여 크게 잘못 한 것도 없는데 이승만 대통령을 권좌에서 끌어내리고 하와이로 추방한 것은 도편추방에 비교할만한 사건입니다. 그리고 이런 사건이 한국 민주주의의 발전에서 큰 의미를 갖는 것입니다.

그래서 저는 미국의 경우를 살펴보기를 제안합니다. 미국에서는 '건국의 아버지들'을 기립니다. 건국의 아버지들(Founding Fathers)은 미국에서 독립 전쟁 및 연방 성립 과정에서 활약한 미국 역사 초기의 4명의 대통령. 조지 워싱턴, 존 애덤스, 토마스 제퍼슨, 제임스 메디슨을 포함하고, 미국 독립선언서와 미국 헌법 등의 문서 작성에 참여, 서명한 13개 주의 대표 정치인들, 147명을 일컫는 표현입니다.

하지만 반드시 그 분들만이 아니라 독립과 건국에 공로가 있는 사람으로 밝혀지면 건국의 아버지, 또는 건국의 어머니로 부르는 데 주저하지 않습니다. 그러니까 그 숫자가 고정되거나 한정되어 있지도 않습니다. 매우 탄력적인 개념이라고 할 수 있습니다.

그 중에는 네 사람의 대통령만큼이나 유명한 벤저민 프랭클린, 알렉산더 해밀턴 등 유명한 사람들이 있지만 대중에게 널리 알려지지 않은 인물도 많습니다. 그래서 버지니아, 뉴욕, 펜실베이니아 같은 13개 주에서는 초등학생들에게 자기 지역 대표들에 대하여 더 소개하고 가르친다고 합니다.

이러한 미국의 방식을 참고할 필요가 있다고 생각합니다. 국부(國父)는 민주공화국에 어울리지 않습니다. 대신에 '건국의 아버지들'이 어울립니다. 다만 영어에서 'founding father'라는 말이 회사든, 학교나 병원이든, 창립자를 가리키는 말로서 일상적으로 쓰이는 말이라 나라의 건국자들도 이렇게 부르는 것이 자연스러운 듯합니다.

하지만 이를 우리말로 번역하고 보니 어색하게 느껴지는 것은 우리가 그런 표현을 잘 쓰지 않기 때문일 것입니다. 우리나라에서는 '단군 할아버지'와 같은 표현, 입향조(入鄕祖), 원조(元祖), 시조(始祖) 같은 표현들이 일반적입니다. 그래서 '나라 세운 할아버지들', 또는 건국원조(建國元祖)가 더 나을 듯합니다.

'나라 세운 할아버지들'은 제헌국회 의원으로 활약하신 분들을 비롯하여 1945년부터 1953년까지 건국전쟁을 이끈 지도자들 가운데 그 후손들이나 관련 단체에서 자유로이 그 업적을 기리고 선양하면서 세월이 흐르면 아마 1, 2백 명으로 압축이 되지 않을까 싶습니다.

우리 후손들에게 초등학교 교육 과정부터 '나라 세운 할아버지들'이 얼마나 훌륭한 분들인가, 얼마나 부지런한 사람인가, 얼마나 정직한 사람인가, 얼마나 겸손한 사람인가, 얼마나 근검절약하는 사람인가, 등등으로 각자의 장점을 배우고 닮을 모범 인간상으로 가르친다면 좋을 것입니다. 대한민국의 모범 시민 상(像)을 이런 방식으로 제시하는 것이지요.

대한민국은 민주공화국입니다. 왕조 국가가 아닙니다. 그래서 우리나라의 건국사도 왕조의 건국사가 아닙니다. 용비어천가나 조선민주주의인민공화국의 건국사와 서사(敍事)의 구조가 달라야 하겠습니다. 한 사람의 영웅을 중심으로 모든 스토리를 짜게 되면 재미없고 거부감 부르는 왕조의 역사가 되고, 설사 왕조사가 안 되더라도 1920년대 중화민국의 손문과 같은 이른바 국부(國父)가 탄생하게 됩니다.

그래서 주요 등장인물이 여럿이며, 특히 숱한 민중들이 함께 참여하고 헌신한 역사를 있는 그대로 서술해야 할 것입니다. 그렇게 하여 종국적으로 우리 후손들이 자기의 선조(先祖)들, 자기 할머니와 할아버지를 존경하고 그들에게 감사하는 마음을 가진 성숙한 시민으로 교육되어야 할 것입니다.

제대로 된 역사교육의 결과는 학생들이 바로 자기의 부모와 자신의 조부모를 존경하게 되는 것이라고 저는 믿습니다. 성실하고 부지런하게 살아가는 보통 사람들이 바로 영웅이라는 사실을 가르치고 배워야 합니다.

### 3. 국민통합에 도움이 되는 역사 교육

하나의 국민이라면 건국 스토리를 공유하는 인간 집단일 터인데 지금 우리나라는 두 개의 국민이 존재하는 듯합니다. 왜 이렇게 되었을까, 하고 한탄할 만큼 걱정스런 상황입니다.

자신의 뿌리에 대한 전혀 다른 스토리를 가진 두 개의 국민을 하나로 통합시키기 위해서는 먼저 나라의 기원, 뿌리에 대하여 생각을 일치시켜야 합니다. 그 다음에 줄기와 가지는 다소 벌어져도 상관이 없을 것 같습니다.

특히 3·1운동 이후 20년대와 30년대의 친소 독립운동의 유행도 하나의 시대사조로서, 특히 식민지 종속국, 약소민족의 반제 민족해방투쟁에 대한 영미(英美)의, 특히 미국의 무관심과 소련의 강력한 지원정책이 맞물려서 실제로는 민족해방투쟁, 독립운동을 하면서 겉으로는 대단한 사회사상가, 주의자인 척하는 부류가 많이 생겨났습니다.

1948년 건국 과정, 아니면 조금 확대하여 1945년부터 1953년까지 8년의 건국 전쟁, 또는 건국 혁명의 과정을 일면적으로 반공투쟁으로 설명하다보면 이른바 우파의 현대사가 됩니다. 하지만 우파의 건국사관은 전쟁의 관점이라 관대하지 못하고, 흑백과 피아가 단순하고 입체적이지 못하다는 데 문제가 있습니다.

그리고 이를 거부하고 민중과 민족의 역사를 쓴다면서 이른바 좌파는 동학농민혁명 - 3·1운동 - 4·19혁명 - 5·18광주 - 촛불혁명이라는 민중운동에서 정통성을 찾고 있습니다. 여기에 여순 반란이나 제주 4·3도 슬쩍 끼워 넣습니다. 하지만 이는 허구의 관념에 지나지 않습니다. 그러면 탈민족주의 진보와 자유주의 보수가 공유할 수 있는 역사관은 불가능한가요?

민주공화국으로서 대한민국의 정체성을 분명히 하고, 그 민주공화국의 역사를 쓰면 가능하다고 봅니다. 사실 이천 년 동안 왕조의 백성이었던 우리 조상들이 처음으로 민주공화국의 꿈을 갖기 시작한 것은 구체적 시간과 장소가 아주 분명합니다. 즉 대한민국의 기원(起源)이 따로 존재한다는 이야기입니다. 그리고 그날로부터 우리나라 민주공화국 대한민국이 건국된 과정은 긴 여정이었습니다.

1898년 종로에서 열린 만민공동회가 바로 우리 조상들이 민주공화국의 꿈을 갖기 시작한 시공간(時空間)입니다. 우리는 대한민국의 기원이 되는 때와 장소를 특정(特定)할 수 있습니다. 여기서 출발하면 대한민국의 역사에 대하여 진보와 보수가 공유할 수 있는 현대사 서술이 가능하다고 봅니다.

최대한 수 만 명, 최소한 수 백 명의 한국 사람이 '문명의 전환'을 경험하고, 민주공화국의 꿈을 꾸기 시작하였습니다. 48세의 이상재와 34세의 서재필과 25살의 이동휘, 23세의 이승만과 22살의 주시경, 20살의 안창호가 함께 꾼 그 꿈, 민주공화국의 꿈을 이야기해야 합니다.

그리고 '독립운동의 기본노선'에 대하여 학생들이 이해를 해야 합니다. 우리 조상들이 "친미의 민주공화국을 세워야 독립할 수 있다"는 생각을 한 이유를 알아야 합니다. 숱한 시행착오를 겪은 후에 비로소 「조선책략」을 이해하였습니다. 그래서 중국과 러시아와 일본 사이에서 미국을 끌어 들여, 또 미국을 모범 삼아 모두가 나라의 주인이 되는 민주공화국을 세워서 독립을 유지하자는 생각이 우리나라 독립운동의 기본 노선이 되었습니다.

이승만과 안창호가 다 미국으로 유학을 하고 망명을 한 것은 우연의 일치가 아닙니다. 3·1운동에서 시위군중이 미국 영사관을 향하여 행진한 것도 우연이 아닙니다. 임시정부가 임시헌법에서 "국체를 민주공화제로 함"이리고 규정한 것도 우연이 아닙니다.

우리나라의 독립에 관심을 가진 영미의 지식인, 선교사들이 보수적 성향보다는 진보적 성향이 많고, 사회 문제에 관심을 가진 분들이 많았다는 사실, 특히 제2차 세계대전을 승전으로 이끌고 나서 새로운 세계 질서를 만들고, 한국의 독립을 지원한 영미의 당시 정부는 보수당과 공화당 정부가 아니라 노동당과 민주당 정부였다는 사실도 가르칠 필요가 있습니다.

한국전쟁이 일어나자 즉시 미군의 파병을 결정하고, UN의 깃발 아래 16개국 군대가 파병되는 데 앞장선 미국 정부도 민주당 트루먼 정부였으며, 당시의 영국 정부도 노동당 정부였다는 사실도 가르칠 필요가 있습니다. 그리고 16개 나라 중에서 절반이 영연방 나라들이었다는 사실도 잊지 말아야 할 것입니다.

바로 그래서 대한민국의 유전자에는 영미의 진보 유전자가 깊이 심겨져 있고, 자유와 함께 노동할 권리, 교육 받을 권리, 최저 생활을 보장 받을 권리를 포함한 현대적 인권의 개념이 우리나라 헌법에 명시되어 있는 것입니다.

농지개혁이라는 대단한 사건은 해방 전부터 좌파의 요구였고, 이를 수용한 것이 우리나라를 이렇게 빨리 산업화와 민주화에 성공한 나라로 만든 가장 큰 사회혁명이라는 사실도 가르쳐야 합니다. 이렇게 함으로써 (탈

민족주의) 진보와 보수가 공유할 수 있는, 그래서 하나의 국민을 만들어 낼 수 있는 사관(史觀)과 대한민국관이 만들어질 수 있을 것이라고 저는 생각합니다.

### 4. 세계사의 일부로 한국 현대사를 가르쳐야

제2차 세계대전에서 독일 나치, 이탈리아 파시스트, 일본 군국주의자들을 비롯한 전체주의자들과의 전쟁에서 목숨을 바친 수 천만의 세계인들에게 감사하고 그들의 희생으로 우리나라가 해방되었다는 사실을 있는 그대로 가르쳐야 합니다. 그런 사실이 보편적인 일이고 또 부끄럽지 않은 일입니다.

우리 조상들에게는 일본 제국주의가 항복하는 날까지 그들에게 대항하여 봉기하지 못했다는 자괴감이 있었습니다. 그래서 전쟁이 끝난 후에, 해방 후에 독립운동을 하는 분들이 많았습니다. 그 분들이 하기 쉬운 일이 독립운동 시기에 프로파간다를 위하여 만든 신화(神話)를 더 확대 과장하는 일이었습니다.

흔히 지식인들의 안주거리가 되는 「백범일지」의 과장도 간절한 당시의 상황을 염두에 둔다면 충분히 이해할 만 합니다. 하루하루 생존이 힘든 나날에 프로파간다의 책임을 맡은 엄항섭 선생이 과장 홍보라도 해서 후원을 받아낼 필요가 있었습니다. 하지만 지금에 와서 이를 확대하는 짓은 그만두어야 할 것입니다.

이제 그런 과장의 거품은 걷어낼 필요가 있습니다. 역사를 정직하게 가르쳐야 합니다. 그래야만 진정한 교훈을 얻을 수 있고, 인간과 사회에 대한 깊은 이해를 얻을 수 있고, 성숙한 시민을 기를 수 있습니다.

저는 작년에 대한민국 제헌헌법과 세계인권선언을 대조해 읽어보면서 새삼 온몸에 전율이 흐르는 감동을 느꼈습니다. 그 둘은 같은 시대에 태어난 쌍둥이 형제 같았습니다. 1948년 12월 10일 제3차 UN 총회에서 세계인권선언이 채택되고, 바로 이틀 후, 12월 12일 UN 총회가 대한민국 정부를 승인하였습니다. 대한민국은 바로 그런 시대, 그런 때에 태어났습니다.

사람으로 치면 사주팔자가 좋은 것이고, 좋은 유전자를 갖고 태어난 것입니다. 제헌헌법은 제8조에서부터 제28조까지 국민의 권리를 보장하고 있습니다. 이른바 권리장전(權利章典)입니다. 그런데 그 내용은 세계인권선언이 인류 보편의(universal) 권리로서 규정하고 있는 것과 거의 동일합니다.

먼저 인권의 평등함(제8조)을 말하고, 신체의 자유(제9조), 거주와 이전의 자유(제10조), 통신의 비밀 보장(제11조), 신앙과 양심의 자유(제12조), 언론, 출판, 집회, 결사의 자유(제13조), 학문과 예술의 자유(제14조), 재산권(제15조) 등을 보장하고 있습니다.

그리고 제17조부터 제19조까지는 노동의 권리, 사회보장의 권리를 규정하고 있습니다. 즉 자유권뿐만 아니라 사회권을 보장하고 있는데, 세계인권선언 역시 노동, 교육, 사회보장 등 사회권을 세세하게 규정하고 있습니다. 우리나라 제헌헌법 제17조부터 제19조까지는 세계인권선언의 제22조부터 제25조에 해당됩니다.

나아가서 제16조에서는 균등하게 교육받을 권리를 보장하고 특히 "초등교육은 의무적이며 무상으로 한다"(!)고 규정하고 있습니다. 바로 이 헌법 정신에 따라 우리나라는 건국하면서 바로 초등 의무교육을 실시하여 해방 당시 78%에 달하던 문맹률이 1950년대 말에 이미 22%로 떨어졌습니다. 그런데 세계인권선언 제26조 1항을 보십시오.

"모든 사람은 교육을 받을 권리를 가진다. 교육은 최소한 초등 및 기초 단계에서는 무상이어야 한다. 초등교육은 의무적이어야 한다. 기술 및 직업교육은 일반적으로 접근이 가능하여야 하며, 고등교육은 모든 사람에게 실력에 근거하여 동등하게 접근 가능하여야 한다." 놀랍지 않습니까?

이 놀라운 세계인권선언을 기초한 사람은, 아시다시피 바로 프랭클린 루스벨트 대통령의 부인 엘리노어 루스벨트(Eleanor Roosevelt, 1884-1962)입니다. 그녀는 남편과 사별(死別)한 후에 UN 인권위원회 의장을 맡아서 세계인권선언의 초안을 썼습니다. 참혹한 전쟁이 끝난 후에 만들 새로운 세상을 설계한 것입니다.

이런 사실을 가르쳐야만 합니다. 우리가 누리고 있는 자유와 인권과 민주주의와 풍요가 어디서 왔는가를 우리 후손들이 알아야만, 앞으로도 그것을 누릴 수 있을 것입니다.

5·10총선을 지원한 UN 한국임시위원단의 구성원들, 파시스트를 피해 미국으로 망명했던 유럽의 사회주의자들, 자유주의자들, 세계인들의

활약을 가르쳐야 합니다. 그들이 우리나라 선거법을 세계에서 가장 진보적인 선거법으로 만들었다는 사실을 알려야 합니다. 세계사와 함께 가르치는 한국 현대사 교육이 미래의 더 큰 대한민국의 비전을 뒷받침한다고 생각합니다.

**5. 어린이용 만화가 아닌 성인용 소설 같은 스토리**

어른이 되면 부모를 이해하게 됩니다. 청소년기에 부모를 원망하던 마음도 사라지고, 스스로가 부모가 되어 자식을 키우고 세상을 살다보면 오히려 부모의 마음을 알게 됩니다. 그렇게 하여 성숙한 정신을 가진 어른은 부모 탓을 하지 않을 뿐만 아니라 함부로 남 탓도 하지 않습니다.

"잘 되면 제 탓, 못 되면 조상 탓"이라는 말도 있습니다만, 우리나라 사람들에게 남 탓 하는 습관이 남아 있다면 역사교육의 잘못으로 인한 영향도 일부 있을 것 같습니다. 대체로 지금까지 우리나라 역사교육은 남 탓, 특히 일본 탓이 심하고, 쉽게 누군가를 악마화하고 누군가를 영웅화하였습니다. 어린아이들이 즐겨 보는 만화 같은 것입니다.

지금 우리는 정직한 역사교육을 통해서 어린이를 어른으로 만드는 것이 아니라 평면적이고, 컬러풀하지 않고 흑백이며, 판타지로 가득한 역사교육을 통해서 내일모레 성인이 될 학생들을 어린이로 퇴화시키고 있습니다. 지금까지 우리나라 현대사 교육은 그런 점에서 자기의 역할을 제대로 하지 못하였다고 봅니다.

물론 전적으로 역사교육의 잘못 때문만은 아니겠지만, 우리나라의 진영대결이 점점 더 심해져서 민주주의가 위기에 빠진 것도 전혀 상관이 없지는 않을 듯합니다. 성숙한 민주공화국의 자유시민을 육성하려면 먼저 역사교육부터 바꿔야 할 것 같습니다.

그래서 앞으로 이 나라의 주인이 될 젊은 세대는 민족의 역사가 아니라 나라의 역사를 공부하여야 할 것입니다. 그렇게 하면 자연히 아(我)와 비아(非我)의 구분이 뚜렷하고, 선악(善惡)과 흑백이 흡사 아동용 만화 같이 분명한, 거기다 비장미(悲壯美)를 곁들인 항일투쟁사(抗日鬪爭史)가 아니라, 복잡하고 입체적이며, 인간 행동의 의도와 결과가 다르다는 역설이 생생하고, 다양한 캐릭터가 등장하는 성인(成人)용 소설 같은 역사, 반전이 거듭되는 드라마로서 대한민국사(大韓民國史)를 공부하게 되리라고 봅니다.

그렇게 하여 성숙한 정신을 가진, 책임감 있는 공화국의 자유시민을 길러내게 될 것입니다. 물론 민족주의 판타지를 버리기 싫은 86세대는 "전부 다 뉴라이트 사관이야! 친일 사관이야!"라고 외치면서 격렬히 저항하고 있습니다. 그래서 우리는 새로운 세대 교육에 더욱 기대를 걸고 힘을 집중해야 합니다.

김학철 선생은 돌아가시기 직전에 귀한 증언을 남겼습니다.

"우리의 독립운동사는 신화에 가까울 정도로 과장이 있었다는 것은 분명해요. 때로는 민족의 자존심을 고취하기 위해 신화가 필요한 것도 사실이겠지요. 그러나 과장과 인위적인 조작을 통해 과거사를 미화시키는 작업에서 벗어날 때가 된 것 같아요. 과장하는 만큼 설득력이 떨어지는 거잖아요? 이제는 역사와 전설을 구분해도 좋을 만큼 이 사회가 성숙하지 않았습니까? 독립군의 대일무장투쟁만 해도 그래요. 1998년 10월 23일 자 「조선일보」에 실린 글을 대표적인 예로 들 수 있어요. 1920년 6월 봉오동 전투에서 일본군 157명을 사살하고 300명을 부상시켰으며 같은 해 10월 청산리 전투에서는 일본군 1개 여단을 사살한 것으로 전하고 있어요. 내 경험으로 볼 때 봉오동 전투나 청산리 전투에서의 전과는 적어도 300배 이상 과장된 것이에요."(김학철, 2001년 9월 1일 인터뷰, 참여연대 소식지 「월간참여사회」)

김학철 선생의 유언을 따르는 가운데 우리는 주술과 판타지에서 벗어나서 비로소 한국 근현대사를 제대로 공부하고 또 가르치게 될 것입니다. 하지만 이 유언을 실천에 옮김에 있어서는 심모원려(深謀遠慮)와 전략이 필요합니다.

육군사관학교가 홍범도 장군 흉상을 독립기념관으로 내보내면서 빚어진 최근의 논란이 우리가 당면한 어려움을 잘 보여주고 있습니다. 오래 사탕 맛에 길들여진 아이에게서 사탕을 함부로 빼앗기 힘든 것처럼, 국민 대중으로부터 전설(傳說)을 쉽게 뺏기 힘듭니다. 그래서 세대 별로, 개인 별로 취향에 맞는 다양한, 건강에도 좋고 맛도 좋은 새로운 간식거리가 제공되어야 합니다.

그것이 우리가 할 일입니다.

# 성숙한 민주공화국의 자유시민이 통일을 이루어낼 것이다!

일시 : 2024년 4월 15일
장소 : 통일교육원

# 성숙한 민주공화국의 자유시민이
# 통일을 이루어낼 것이다!

▎2024년 4월 15일
▎통일교육원

    대한민국이라는 민주공화국은 지난 4분의 3세기, 75년 동안, 그 지정학적 위치나 역사적 배경과 문화적 토양에서나 기대 이상으로 성공적으로 존속, 발전하여 모두를 놀라게 하고 있습니다. 그리고 그 정치적, 문화적 성공에는 경제적, 과학기술적 성취가 밑바탕이 되었다는 점은 자타가 공인하는 바입니다. 그래서 이른바 산업화와 민주화를 동시에 이룬 나라라고들 합니다.

    최근에 와서는 그러한 경제적, 과학기술적 성취의 바탕에는 건국하면서 동시에 철저한 농지개혁에 성공하여 모든 국민이 독립 자영농으로서, 또는 유사한 사회경제적 지위에 있는 중산층으로서, 대한민국의 국민으로서 동일한 출발선에서 생활을 시작하였다는 사실이 강조되고, 또 그 역사가 재조명되고 있습니다.

    농지개혁으로 인하여, 신생 민주공화국 대한민국은 유라시아 대륙이라는 구대륙의 끝에 위치해 있지만, 신대륙 못지않은 기회의 땅이 되었던 것입니다. 그래서 모두가 열심히 일하고 열심히 공부하여, 그 노력과 근검절약의 달콤한 결실을 금방 맛볼 수 있었습니다.

이제 대한민국 기적의 75년은 지나가고 새로운 25년이 시작되었습니다. 앞으로 25년 동안 우리는 무엇을 할 것인가? 여러 가지 과제들이 있겠지만, 보다 성숙한 민주공화국을 만들고, 보다 안정적인 선진국을 만들어서 우리 후손들에게 지금 우리가 누리고 있는 자유와 풍요를 물려주어야 할 것입니다.

지난 75년과 같은 생존을 위한 몸부림, 정신없는 질주, 그리고 행운과 기적이 아니라 성찰과 신중한 모색으로 균형과 안정, 조화의 길을 찾아가야 할 것입니다. 그리고 그런 과정에서 통일도 이룰 수 있고, 더 큰 대한민국의 꿈도 이룰 수 있을 것입니다. 질풍노도의 청년기에 가져야 할 마음과 성년이 되어서 가져야 할 마음은 다를 수밖에 없습니다.

지난 75년을 대표하는 단어는 극일(克日)이 아니었을까 싶습니다. 그만큼 우리나라는 일본이나 독일, 프랑스, 영국 같은 유럽 선진국들을 따라잡는 데 온힘을 쏟았습니다. 그런 시대에 우리가 대단치 않게 생각한 이웃나라 일본으로부터 식민 지배를 당했다는 쓰라린 기억은 오히려 열정의 원천이기도 하였습니다.

그래서 식민 지배를 받던 시절에 대일본제국 속에서 민족 정체성을 지키기 위해서 만들어지고, 재생산되었던 민족주의 이데올로기들과 신화들, 신채호 사학 등도 나름대로 정신적 자양분이 될 수 있었습니다. 그것은 특히 제2차 세계대전에서 추축국들을 패망시키고 이겨내는 데 우리가 아무런 한 일이 없다는, 또는 우리 힘으로, 자력으로 일제를 몰아내지 못하였다는 콤플렉스를 잊게 만드는 마약이었습니다.

하지만 이제 그 약은 끊지 않으면 우리가 정신적으로 성숙하기 힘들 것 같습니다. 대한민국의 교양 시민에게 필요한 마음이 무엇인가를 다시 생각해야 할 것 같습니다. 이제는 선진국 대한민국 시민이라면 인종적 민족주의를 넘어서서 공화주의적 국가관을 가져야 할 것 같습니다. 곧 다문화, 다인종 국가가 될 것이기 때문입니다. 이미 현실의 대한민국은 다문화 다인종 국가입니다.

그리고 바로 그런 현실이야말로 대한민국이 통일을 이루어낼 수 있는 역량을 갖추는 과정이라고 생각합니다. 우리나라가 고대 아테네나 중세의 베네치아, 근대 초기의 네덜란드 같은 나라가 된다면 통일을 이루어낼 수 있을 것입니다. 그런 나라들을 역사학에서는 '제국'이라고 부릅니다만, 그런 의미에서 우리도 제국이 되어야 한다는 것입니다.

그래서 신채호 사학으로 대변되는, 또는 「해방전후사의 인식」으로 대표되는 민족주의 역사관을 내버리고 새로운 역사관을 세울 필요가 있습니다. 대한민국의 기원에 대하여, 정신적이고 실제적인 뿌리에 대하여, 그 탄생 과정에 대하여 스토리 라인이 재정립되어야 합니다. 주된 줄기와 가지가 새롭게 정리되어야 합니다. 지금까지의 역사관, 본말(本末)이 전도된 역사관으로 성숙한 민주공화국이자 제국의 교양 시민이 될 수 없습니다.

대영 제국 시절부터 영국은 흔히 '신사의 나라'로 불리었습니다. 영국 국민 모두가 신사(gentleman)는 아니었지만, 영국의 시민들에게는 하나의 모범 인간형이 주어졌던 것이라고 말할 수 있습니다. 마찬가지로 전근대 조선 왕국은 '선비의 나라'라고 부를 수 있겠지만, 대한민국은 상공업에도 종사하고 과학 기술자이기도 한 '교양 시민'의 나라로서 재정립되어야 할 것입니다.

성숙한 민주공화국의 시민은 다름(차이)를 틀림(오류)으로 속단하지 않고, 있는 그대로 받아들이는 사람들이라고 할 수 있습니다. 하지만 지금 대한민국 국민의 모습은 매우 다릅니다. 성숙한 제국의 시민이 아직은 아닌 것입니다. 그렇지만 희망적이게도 신세대는 나타나고 있고, 새로운 시민은 등장하고 있습니다. 어떤 계기가 주어진다면 이런 시민은 순식간에 대한민국의 주류가 될 것입니다.

요컨대 건국 100년 즈음 우리나라 대한민국은 번영하는 자유의 나라 민주공화국으로서 세계에 열려있어야 합니다. 여러 인종이 대한민국이 표방하는 가치를 중심으로 모여드는 나라가 되어야 할 것입니다. 여러 인종들 가운데 우수한 자들이 대한민국을 자신의 나라로 선택하여 살고 싶어 하는 나라가 되어야 합니다.

그런 모습을 보면서 북한 주민들도 대한민국에 가입하여 살기를 원할 것입니다. 북한 사람들 뿐만 아니라 오키나와, 타이완, 필리핀, 베트남 사람들 가운데서도 대한민국이라는 나라에 합류하고 싶어 하는 사람들이 나타날 정도로 대한민국이 매력적인 나라가 되어야 통일을 이루어 낼 것입니다.

그래서 앞으로 25년 동안, 우리나라 지식인들은 힘써서 대한민국이 어떤 가치에 기초하여 건국되었는지, 그 정신적 기초를 명확하게 해야 합니다. 여러 인종이 합류해 들어와서 대한민국의 시민이 된다면 '단군 할아버지'의 후손이라는 정체성이 아니라 자유와 평등의 나라, 발전한 현대 민주공화국, 대한민국의 시민의 한 사람이라는 정체성이 분명해야 할 것입니다.

또한 북한 주민들이 대한민국에 합류하기를 원하는 경우에도 그 대한민국이 어떤 나라이고, 어떤 뿌리를 가지고 있으며, 어떤 과정으로 탄생하였는지가 분명해야 할 것입니다. 그들이 어떤 나라에 합류하는 것인지를 분명히 인식해야 할 것입니다. 그래야만 통일 이후 하나의 나라, 하나의 국민으로 실질적 통합을 이룰 수 있을 것입니다.

그래서 「해방전후사의 인식」으로 대표되는 역사관, 세계관은 전면 재검토되어야 합니다. 진보와 보수 양 진영이 공유할 수 있는 중도 통합적인 역사관을 정립해야 하는 과제가 한국 지식인들이 앞으로 25년 동안 할 일입니다.

# K-데모크라시
K-Democracy

2판 1쇄 인쇄 2024년 5월 20일
2판 1쇄 발행 2024년 5월 28일

**저자** 주대환
**디자인 편집** 청사진
**발행** 조성원
**펴낸곳** 청사진 / 등록 제 2020-000173호
**주소** 인천광역시 부평구 주부토로 236
　　　인천테크노밸리 U1센터 C동 2106호
**전화** 032-276-6605
**팩스** 032-276-6606
**이메일** prodcsj@gmail.com
**ISBN** 979-11-979851-4-0  03300
**정가** 15,000원

* 잘못된 책은 구입하신 서점에서 교환 해 드립니다.